知識ゼロからの

イノベーション入門

桑原晃弥

幻冬舎

はじめに

世の中には2種類の人間がいる。**「世界を変えられる」と信じている人間**と、信じていない人間だ。

世界を変えられると信じていればイノベーションを起こせるというわけではないが、イノベーションを起こした人間（イノベーター）は例外なく、自分は世界を変えられると心から信じていた。

その代表をあげるとすれば、誰もがこんな名前を思い浮かべるだろう。

マイクロソフト創業者のビル・ゲイツ。

アマゾン創業者のジェフ・ベゾス。

グーグル創業者のラリー・ペイジ。

フェイスブック創業者のマーク・ザッカーバーグ。

アップル創業者のスティーブ・ジョブズ。

この5人は世界的なイノベーションを起こした点で共通する一方で、イノベーションのタイプは、それぞれ大きく違っている。

もともとイノベーションとは、20世紀初めにオーストリア生まれの経済学者シュンペーターが使い始めた言葉だ。当時は「新結合」と訳され、「新しいモノやサービス」「新しいつくり方」「新しい売り方」「新しい素材や原料」「新しい組織」の5つのタイプがあるとされた。

その後、イノベーションは「技術革新」という名になったり、「改革」「新機軸」と訳されたりして現代に至るのだが、その間に、イノベーションに対する考え方もずいぶん変化した。

今では、シュンペーターが唱えた5つのタイプで考えるより、ゲイツからジョブズに至る5人の**実践パターンに沿って見るほうが、ずっとわかりやすく、自分の仕事や生活に応用しやすい**と思う。

5人とも、会社を始めた時には、何ひとつ持たないただの若者または大学生だった。そこから、イノベーションに**必要なのは、資金や企業の大きさなどではない**ことがわかる。

また、ジョブズは「革新的になろう、勉強しよう、これがイノベーションの5ヵ条ですよ、と書いたポスターを掲示したところでイノベーションは起こせない」と指摘している。そこから、**マニュアルや指示命令ではイノベーションは起こせない**ことが推測できる。

では、イノベーションは、どう起こせばいいのだろうか。そもそもイノベーションとは何なのか。イノベーションなくして競争には勝てず、企業は存続できないというが、本当なのか。

それを5人の実践に沿って明らかにするのが本書である。

ベゾスは、「世界を変えられると信じていれば、自分がその一端を担えると信じられるはずだ」と言った。しかし、現代日本の大学生に「自分は世界を変えられると思いますか」と聞いても、きょとんとするか「ムリ」のひと言が返ってくるだけだろう。「社会を変えられると思いますか」とバーを低くしても、答えは同じであるに違いない。いや、20代、30代、40代……の社会人に質問しても、反応は大して変わらないのではないだろうか。

最近の日本ではイノベーションが起こりにくいと言われている。それは、こうした「世界や社会は容易に変えられないものだ」という成熟社会型の無力感も影響している。技術が落ちているのでもなければ、才能が育っていないのでもない。「世界を変えられると信じる力」が衰えているのである。

私たちが5人のイノベーターから学ぶべきは、そこではないだろうか。**少しだけ考え方を変えれば、世界は変えられる**のだ。まずは日々の生活の中で小さな改革を始める。そこから、大きな新結合を始めればいいのである。

夢を描きにくい時代である。そんな中で、1人でも多くの方に、「自分が変えられる未来」を信じていただけたなら、これにまさる幸せはない。

桑原《くわばら》　晃弥《てるや》

知識ゼロからのイノベーション入門◎目次

Contents

序章　イノベーションって、そもそも何？
――1プラス1を10にも100にもする

第1章

［マイクロソフト］

ビル・ゲイツの改善型イノベーション

――要は「勝つこと」だ

1◎まず何かに夢中になる。それがすべてのスタート。……22
2◎最も得意な分野の中に「とりで」をつくる。……24
3◎ビジネス経験を早く積む。実務は戦闘力の基礎。……26
4◎必ず「できる」と言う。やり方は後で考える。……28
5◎チャンスに全部を賭ける。安全コースに心を残さない。……30
6◎優れているだけでは勝てない。闘ってこそ前に進める。……32
7◎負ければゼロ。イノベーション企業も競争はシビア。……34
8◎契約はロイヤリティ方式で。大手企業の食い物になるな。……36
9◎業界標準を握ってこそ、変革はお金に変わる。……38
10◎最初に成功しなくても、徐々に成功すればいい。……40
11◎勝つコツは1つ。猛烈に働く。……42
12◎改善は時間勝負。1分1秒を惜しむ。……44
13◎最初はお金が目的でいい。真の目的にやがて気づく。……46

Contents

14◎勝つことに欲深くなれ。お金は勝者についてくる。……48
15◎海外進出も早い時期に始める。……50
■日本のイノベーション 1■ 栄光のウォークマン……52

第2章 [アマゾン] ジェフ・ベゾスの顧客志向イノベーション ——要は「サービス」だ

1◎人と同じものを見て、人と違うことに気づく。……54
2◎改革は偶然では起きない。顧客調査から始める。……56
3◎収入が増えそうな道よりも後悔が少なそうな道を選ぶ。……58
4◎ライバルがいない間に無敵の急成長を遂げておく。……60
5◎拙速は避け、顧客のために完璧主義を貫く。……62
6◎計画は顧客に合わせて常に更新する。……64
7◎サービスにやりすぎはない。あらゆる経営資源を顧客に。……66

8◎ユーザーとの直接の接点「物流」に手を抜かない。……68
9◎競争相手よりも顧客満足に注意を払う。……70
10◎顧客を「ファン」にする。ファンは顧客をつくってくれる。……72
11◎短期利益は思い切って無視。イノベーションは成長優先。……74
12◎ブランド化を進めて顧客の認知度を高める。……76
13◎挑戦第一。行き詰まらずしてイノベーションはない。……78
14◎優秀な人材だけを集め、少人数のチームで動かす。……80
15◎ライバルが真似できないほどイノベーティブな体質になる。……82
■日本のイノベーション2■　改善のプリウス……84

第3章 ［グーグル］

ラリー・ペイジの組織型イノベーション
——要は「アイデア」だ

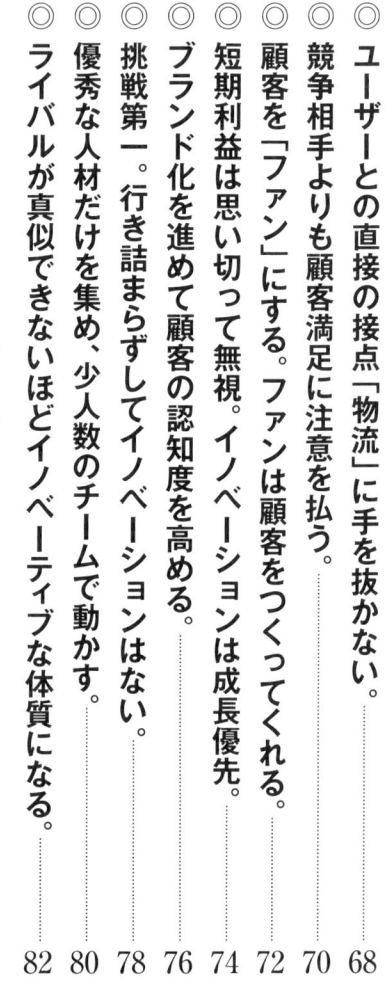

1◎発想だけではダメ。発想の製品化がイノベーション。……86

Contents

2 ◎ 1つの着想を考え抜く。いい答えには必ず人が集まる。 88
3 ◎ 自分が常識外れではなく、常識が間違っていると考える。 90
4 ◎ 猛烈に働く時代があることがイノベーターの条件。 92
5 ◎ 予備知識はイノベーションの敵。大胆に進める。 94
6 ◎ 失敗を恐れるな。ダメなら次を試せばいい。 96
7 ◎ 楽観的に考えよう。技術の進歩が不可能を可能にする。 98
8 ◎ 少数より多数のほうが賢い。知恵を集める者が勝つ。 100
9 ◎ みんながアイデアを知り、育てるシステムを。 102
10 ◎ 仕事時間の何割かを新しいアイデアづくりに使う。 104
11 ◎ 能力はあって当然。大切なのはチームワーク力。 106
12 ◎ 大きなチームは組織硬直の始まり。改革は小チームから。 108
13 ◎ 現状維持を望むと、いいアイデアが望めなくなる。 110
14 ◎ イノベーションはハイリスク。圧力に負けずに進め。 112
15 ◎ 古いモデルに遠慮をしない。時には破壊者と呼ばれていい。 114
■日本のイノベーション 3■ 戦う宅急便 116

第4章

［フェイスブック］

マーク・ザッカーバーグの遊び感覚イノベーション
——要は「面白さ」だ

1◎「つくる」遊びをたくさんしておく。独創の土壌になる。……118
2◎まず自分が面白がること。やがて多くの人が面白がる。……120
3◎初めに強い敵に勝つ。優位を確立する近道。……122
4◎イノベーションには「取り去る」ことも含まれる。……124
5◎楽しさを保つには、躍進を抑える時期を持つ。……126
6◎仕事を仕事と思わないのがイノベーター。……128
7◎タイミングは成功の必要条件。逆らうな、手放すな。……130
8◎常識がなければ常識をつくるのがイノベーション。……132
9◎性善説に立とう。面白いビジネスができる。……134
10◎とにかく早く。人真似はそれ自体遅れている。……136
11◎改革者が経営上手とは限らない。プラスアルファの力が必要。……138
12◎面白い仕事に専念するために、利益にも目配りを。……140
13◎価値観の違う人とでは面白い会社はつくれない。……142

Mark Zuckerberg

Contents

14◎自己実現のためには「ノー」を言い続ける。……144
15◎イノベーションは長い旅。変化そのものを楽しむ。……146
■日本のイノベーション 4■ 世界のカップヌードル……148

第5章 [アップル] スティーブ・ジョブズのビジョン型イノベーション ――要は「夢」だ

1◎潜在需要を信じる。見えるニーズは見なくていい。……150
2◎当たり前のものをガラリと変えてみせる。……152
3◎真似はしない。盗んで自分のものにする。……154
4◎人を愛するように仕事や製品を愛する。……156
5◎自分が夢見た製品をつくる。それが世界を変えていく。……158
6◎ないものについては人に聞けない。自分のビジョンを信じる。……160
7◎マニュアルをつくるな。問題意識がぶつかり合う場をつくれ。……162

Contents

8 ◎ 会社が大きくなると夢は小さくなる。チームは少人数制で。…… 164
9 ◎ 安易にイエスを言わない。相手は自分で限界を超えてくれる。…… 166
10 ◎ 間違いに気づいたら完成寸前でもリセットボタンを押す。…… 168
11 ◎ くつがえすのがイノベーター。あなたは歴史を変えたくないか。…… 170
12 ◎ 最高傑作は次回作。「次こそ」を渇望し続ける。…… 172
13 ◎ ブランドは情熱から生まれる。情熱を伝染させよ。…… 174
14 ◎ お金に人生は賭けられない。目的は世界を変えることだ。…… 176
15 ◎ 経験を積むことで創造性は無限に伸ばせる。…… 178
ゲイツ、ベゾス、ペイジ、ザッカーバーグ＆ジョブズの年譜 …… 180
参考文献 …… 183

序章

イノベーションって、そもそも何？

——1プラス1を10にも100にもする

Innovation

第1話 イノベーションと改善はどこが違う？

Innovation

▼イノベーションは破壊する

イノベーションとは、これまでにない**まったく新しい何かが現れて、私たちの生活を大きく変えること**だと言っていいだろう。

その力は凄《すさ》まじい。「改善」との違いを考えると、イノベーションの凄《すご》さがよくわかる。

改善は「今ある何か」をさらによくすることであり、破壊を伴わない。しかし、イノベーションは「新しい何か」をつくることであり、そのために古くからの産業や企業、製品を根こそぎ壊すことが多いのだ。いわゆる破壊と創造である。

歴史を見ると、長く栄えたものが、イノベーションによってあっという間に消え去り、新しい別のものに取って代わられることがよくある。

たとえば人間は紀元前から馬車に乗ってきた。それはサスペンションがついて乗りやすくなったり、郵便馬車とか、バスのような乗合《のりあい》馬車、鉄道のような駅馬車になったりした。何千年もかけて「改善」されたのだ。

それが、近代に入って蒸気機関車が誕生し、また、ヘンリー・フォードが自動車の大量生産に成功すると、あっという間に使われなくなった。

もう誰も「もっと改善された馬車」を求めなくなったのだ。格段に速くて乗り心地のいい鉄道や自動車を使うようになってしまった。

馬車は広い裾《すそ》野を持つ一大産業だった。蹄《てい》鉄《てつ》の製造から牧場まで多くの人が働いていた。関連産業も多かった。それも消えた。

これがイノベーションの持つ破壊力である。

人気ブランドのルイ・ヴィトンは馬車で移動す

るための頑丈《がんじょう》な鞄《かばん》の製造業者だったし、コーチは馬具の製造業者だった。それらのブランドは、イノベーションによって馬車の業界が破壊されたことで生まれたのだ。

▼現代では大改革もすぐに古びる

イノベーションは旧来の業界を破壊して新しい業界をつくり出すから、**イノベーション企業は新しい業界に君臨する**ことができた。

だが、変化のスピードが速くなった現代では、イノベーション企業といえども、何年も君臨し続けるのが難しくなった。すぐに別の企業が次の凄いイノベーションを巻き起こし、優位をひっくり返すケースが増えたからだ。

それを防ぐにはどうすればいいか？

自分で次のイノベーションを起こすしかない。せっかく築いた優位を自分自身でひっくり返すことになるが、人に壊されるよりは自分で壊したほうがいい。

もちろん多くの人間が反対する。イノベーションを起こすことは大きな夢であり、大変な努力の結果である。せっかくかなった夢は守り育てたい、次に進むのはまだ先だと考えて当然だ。

そういう反対者を協力者に変えて次のイノベーションへと駆り立てるには、遠大なビジョンを示す必要がある。

その**ビジョンを示すタイプの代表がアップル創業者のスティーブ・ジョブズ**である。

ジョブズはパソコン市場を切り開いたイノベーターだが、彼が開発しようとしたタブレット端末ｉＰａｄは、パソコンを過去の遺物にしてしまう危険性を秘めていた。

それでもジョブズはためらうことなくｉＰａｄの発売に踏み切っている。この強さがあったからこそ、ｉＰａｄ以前にも、カセット型ウォークマンを過去の遺物にしたｉＰｏｄ、従来の携帯電話を片隅に追いやったｉＰｈｏｎｅという大きなイノベーションを続けて起こすことができたのである。

第2話

Innovation

イノベーションはいつ誰が「発見」した？

▼イノベーションの5つのタイプ

私たちは、イノベーションというと技術革新ばかりをイメージしがちだ。

しかし、イノベーションを最初に提唱したオーストリア出身の経済学者ヨーゼフ・シュンペーターは、もっと幅広く考えている。

シュンペーターは、1912年にイノベーションを「経済活動の中で**生産手段や資源、労働力などをそれまでとは異なるやり方で新結合すること**」と定義した。そして、次の5つのタイプをあげている。

①新しいモノやサービスの誕生
②新しいつくり方の誕生
③新しい売り方の誕生
④新しい素材や原料の誕生
⑤新しい組織の誕生

現代で言えば、たとえばデルコンピュータの創業者マイケル・デルは、お客様の注文を受け、注文に沿ってつくって届けるという確定受注生産を導入することで、パソコンのつくり方や売り方に革命を起こした。

あるいは先のヘンリー・フォードがオートメーションの導入で車の大量生産を可能にし、価格を引き下げて車の大衆化に成功したのも、素晴らしいイノベーションだと言える。

もちろんイノベーションは欧米だけのものではない。世界に大きな変化をもたらした日本発のイノベーションが数多くある。

ソニーの「ウォークマン」や日清食品の「カップヌードル」、トヨタ自動車の「プリウス」、任天堂の「ファミコン」などはその代表だろう。

発祥は外国だが日本でイノベーションとなり、世界に輸出されるケースもある。セブン-イレブン・ジャパンのコンビニエンスストアがそうだ。

また、日本国内でのイノベーションも多い。ヤマト運輸の「宅急便」や、NTTドコモの「iモード」などである。

また、最近ではソーシャルイノベーション（社会革新）が提唱されたり、1つの企業の枠の中で行うクローズドイノベーションだけでなく、多くの企業や組織の知恵を集めるオープンイノベーションが言われるなど、イノベーションへの考え方も大きく広がっている。

▼イノベーションには改善型もある

このように、イノベーションはさまざまな分野にわたり、互いに影響、補完し合う場合も多い。

そういうイノベーションの交差点に立ってコツコツと**改善を積み重ねるタイプの代表がマイクロソフト創業者のビル・ゲイツ**だ。

ゲイツが開発した基本ソフト「ウィンドウズ」は、確かにイノベーティブな製品だった。

しかし、アップルのパソコン「マッキントッシュ」の基本ソフトのような目覚ましい革新性はなく、むしろその真似の面があった。そのうえ発売当初は使いにくく、不具合だらけだった。

ジョブズだったら、まったく新しい製品を開発しただろう。だが、ゲイツは違った。何年にもわたってひたすらウィンドウズを改善し続けた。改革プラス改善というイノベーションもあるのだ。

イノベーションは過去を破壊するだけに、不便を生む場合もある。たとえば、アップルのパソコン「アップルⅡ」とマッキントッシュでは互換性がなく、とても不便だった。

しかし、改善型のウィンドウズでは互換性が保たれ、ユーザーはじわじわ増えていく。使い勝手も向上した。それらのことがウィンドウズを世界のデファクト・スタンダード（事実上の標準）に押し上げたのだった。

第3話 イノベーションのヒントはどこにある？

▼イノベーションは「不」から始まる

イノベーションを非常に困難で、自分とは無関係だと思う人が少なくないが、それはイノベーションと、発明（インベンション）を同じだと考えているからではないだろうか。

両者は似ているが、大きく違う点がある。簡潔に言うと、発明はゼロから1を生み出すことだ。独創であり、これはなかなか難しい。

それに対してイノベーションは、1プラス1を10にも100にも増やす工夫である。だから、技術革新とか改革とかいうより、**イノベーションは「新結合」**だと考えるとわかりやすい。

ジョブズがパソコンと電話を新しく結びつけることでｉＰｈｏｎｅというイノベーション製品をつくったのが、新結合の身近な好例だろう。

ゼロから生むとなると困難だが、1から始めればいいとなれば、イノベーティブな発想も簡単になる。身の回りから、不満、不便、不足、不健康などを探し、「こうしたら楽になる」「自分ならこうする」と考える。それがイノベーションのスタートになる。

いきなり、「世の中のためになる」「利益が10倍になる」などと大きく出る必要もない。「友達が喜ぶ」「自分が便利」という遊び感覚で十分だ。

そういう身近な**遊びからスタートしたタイプの代表がフェイスブック創業者のマーク・ザッカーバーグ**である。

ザッカーバーグは、ハーバード大学の学生寮でフェイスブックを発想している。

アメリカの一部の学校では、学生の相互交流を助けるために全員の写真と名前が載った名簿（フェースブック）を配布する。ハーバード大学にも『フレッシュマン・レジスター』という印刷名簿があったのだが、なぜかデジタル化されなかった。不便だという友人の不満の声に応え、みんなを喜ばせようと遊び半分で始めたのが「フェイスブック」だった。

ザッカーバーグは「みんな僕と同じ大学生だ。だから、自分に面白いものはみんなにも面白くて便利なものになる」と思って始めたのだが、それが今では世界中に10億人を軽く超すユーザーを持つようになった。

イノベーションは難しくないのである。

▼イノベーション思考になる3つの方法

イノベーションが当たり前のように私たちの生活を変えていく時代だ。イノベーションを知ることは大切なことだし、できるなら自分もイノベーションを起こす側に回りたい。

そのためには、次の3つを大切にするといい。

①不満や、「もっと」という欲を大切にする
②現状維持をよしとせず、変化を日常にする
③失敗を恐れずに変わり続ける勇気を持つ

もちろん、この3つを実践したからといって、誰もが会社を立ち上げたり、世界的大ヒット製品を生み出したりするわけではない。しかし、少なくともイノベーター的な考え方や行動の仕方を身につけることはできる。

それには大きな意義がある。不満や失敗への恐れを放置するとストレスがたまり、仕事や生活がイヤになってしまうが、「こうしたら自分に便利だ」「こうすれば友達や家族が喜ぶ」といったイノベーティブな考え方をすれば、仕事や生活が楽しくなるからだ。

楽しくなれば、大きな変化は無理でも、小さな変化を起こすことならできる。それを積み重ねることで、人は案外大きなことを可能にしてしまうものなのである。

Innovation

イノベーションはどう始めればいい？

▼同じものを見て違う未来を思い描く

「こんなものがあったら便利だ」「もっと使いやすくしたい」という感覚を「でも、仕方がない」「どうせダメだ」と抑え込まず、「ちょっとやってみよう」「ダメでもともとだ」と行動に移すことから、イノベーションが始まる。

その時、みんなが同じように持つ感覚を行動に移すだけでも素晴らしいイノベーションが起こせるが、まだ誰も気づいていないことに早く気づいて行動に移せば、もっと凄いイノベーションが起こせる。

みんなと同じものを見て、みんなと違う「便利さ」「使いやすさ」をつくるのだ。顧客からすれば凄いサービスであり、イノベーターからすれば新しい市場をつくって独占できる。

そういう顧客志向、**サービス重視の代表が、アマゾン創業者のジェフ・ベゾス**である。

ベゾスは94年、インターネットが年率2300％という勢いで成長していることを知り、ネットで本を売るというアイデアを得ている。

同時期にネットの急成長を知った人は、ベゾスのほかにもたくさんいただろう。だが、それを販売サービスのツールにしようと発想した人はほとんどいなかったに違いない。

いたとしても、本ではなく音楽や衣類などを売ろうとして、大成功には至らなかったのではないだろうか。

イノベーションを始めるのは小さなこと、身近なことからでいいのだが、できるだけ早く発想することが大切である。イノベーションは早い者勝ちの面があるのだ。

▼周囲に優秀な人材を集める

言うまでもなく、イノベーションは、そのすべてが最初から脚光を浴び、栄光の中でゴールインするわけではない。

むしろ、さんざんに批判され、赤字や失敗に見舞われ続けることのほうが多い。

その中で、諦《あきら》めずに続けた人だけがイノベーションを起こせるのだ。

たとえば、ヤマト運輸が宅急便をスタートした初日の荷物の取扱個数は、わずか11個だった。1ヵ月後でも8500個未満で、とても利益の出るレベルではなかった。しかし諦めず、「サービスが先、利益は後」という方針を貫くことでイノベーションにつなげている。

イノベーションは旧来の何かを破壊し、仕事や生活を大きく変えるものだ。必ずしも居心地がいいとは限らない。批判されるのも当然である。

成し遂げるには、リーダーの信念やカリスマ性が必要なのはもちろん、イノベーションを信じ、支える人材が不可欠である。

シュンペーターは、発明は個人レベルであり、イノベーションは社会レベル、工業製品化レベルという意味のことを言っているが、人を巻き込めないとイノベーションは発明で終わるのだ。

イノベーションを成し遂げた人間は例外なく、周囲にAクラスの人材を集めている。反対者も多いが、優秀な味方もまた多いのがイノベーターなのだ。

中でも優秀な**人材を結集するタイプの代表がグーグル創業者のラリー・ペイジ**である。

グーグルは福利厚生が手厚く、「エンジニアの楽園」と言われた。雰囲気は自由で明るく、「大学のキャンパス」とも評された。

また、勤務時間の20％を自分の好きなプロジェクトに使えるなど、アイデアが生まれやすい雰囲気を演出している。

そういう風土から、グーグルマップ、グーグルニュースなど数々のイノベーションが生まれているのである。

▼イノベーションは夢を実現すること

どちらかといえば、イノベーションは大企業では起きづらく、ベンチャー企業や中小企業が中心になっている。

大企業は、ちょっと失敗したら「変えなければよかった」と言って元に戻そうとするが、それではイノベーションは起こせない。

イノベーションには、失敗や反対論に負けずに変え続けることが必要だ。変化を日常にして、失敗を恐れずに変え続ける空気が欠かせない。

特に「変化を日常にする」ことがポイントだ。「今日も何もなくてよかったね」ではいけない。慣れた仕事の中に「ちょっとまずかったな」「もっといいやり方はないか?」という気づきと変化を積み重ねられるか。そこがイノベーションの行方を左右する。

イノベーションは、大企業の一部のエリートがゼロからつくり上げるものでは決してない。**普通の人が小さな気づきを元に、1からスタートするもの**である。

そう考えると、イノベーションとは夢を実現することに近いのではないだろうか。ビジョンと信念さえあれば、誰にでもできるのがイノベーションの魅力なのである。

第1章

[マイクロソフト]

ビル・ゲイツの改善型イノベーション
——要は「勝つこと」だ

Microsoft

第1話 まず何かに夢中になる。それがすべてのスタート。

先端技術に人より多く触れる

ビル・ゲイツが初めてコンピュータと出会ったのは１９６８年、レイクサイド・スクール（高校）時代だ。

ゲイツと、７年後にマイクロソフトを共同創業することになる２歳上の上級生ポール・アレンは、たちまち虜《とりこ》になった。

当時のコンピュータは非常に高価。同校は使った分の「コンピュータタイム」料をコンピュータの所有者ＧＥ（ゼネラル・エレクトリック）に支払うという形で、生徒に最先端のコンピュータを体験させたのだ。

ゲイツとアレンは高価なコンピュータタイムを湯水のように使いながら、何ができるかを探り続けた。教師たちでさえコンピュータ

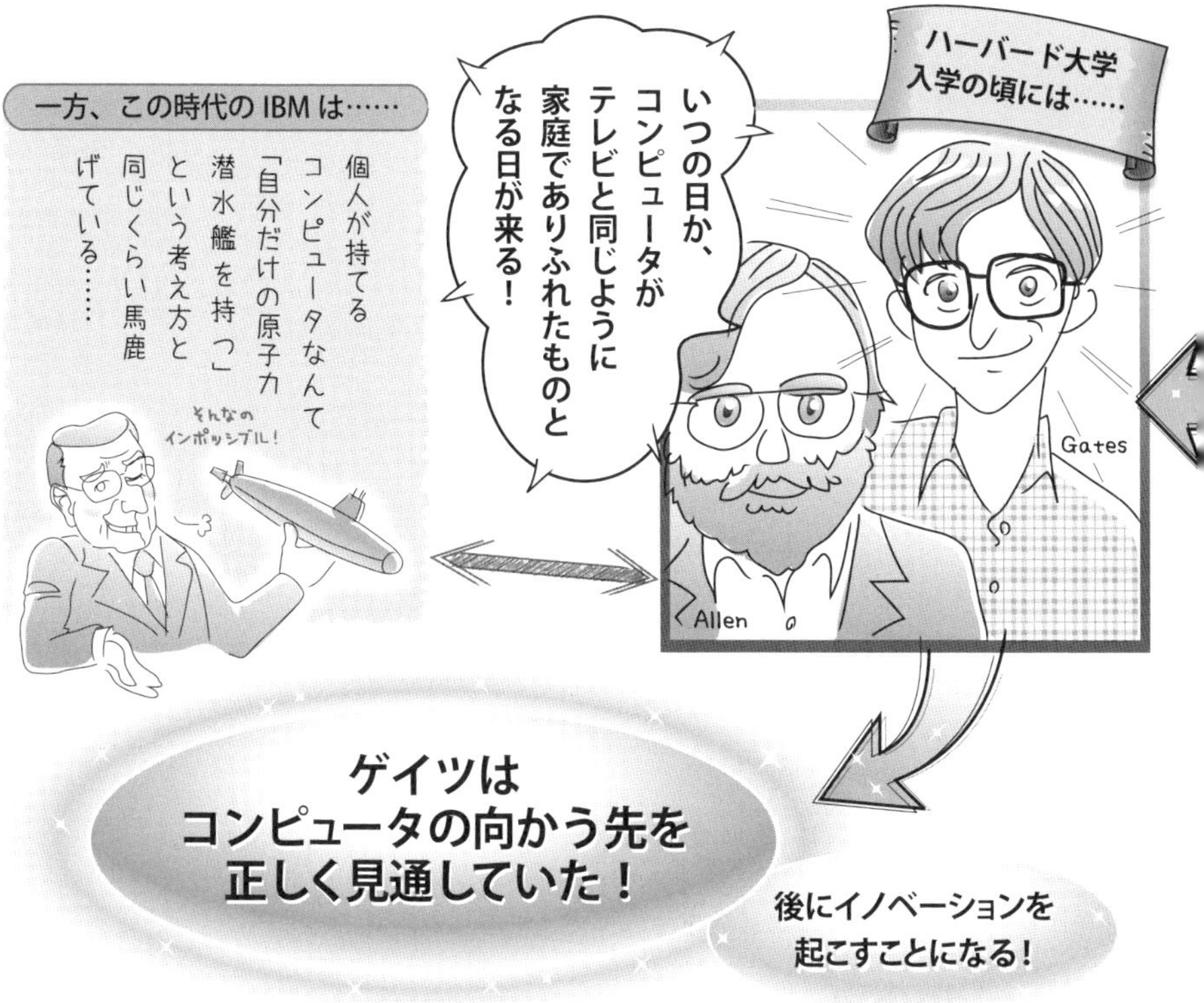

を使って何ができるかがわからない時代だった。２人は教師の知識を1日で超え、予算の３０００ドルを数週間で使い果たした。学校はＧＥの請求書をＰＴＡに回すほどだった。

馬鹿げているから間違いだとは限らない

やがてゲイツがハーバード大学に入学する頃、２人は「いつの日か、コンピュータがテレビと同じように家庭でありふれたものとなる日が来る」という夢を描くようになる。

驚くべきビジョン（先見力）だった。当時は巨大企業ＩＢＭが開発した「メインフレーム」という大規模なコンピュータが主流。個人が持てるコンピュータなど夢想にすぎず、「自分だけの原子力潜水艦を持つ」という考え方と同じくらい馬鹿げていた。そういう業界常識が70年代前半まで続く。

しかし、ゲイツとアレンはコンピュータの向かう先を正しく見通し、「自分たちに何ができるか」を真剣に考えていた。

第2話 最も得意な分野の中に「とりで」をつくる。

70年代半ばには、コンピュータを使えば何かができるとみんなが感じ始め、パソコンの元祖もつくられた。だが、自分だけのコンピュータを持つことで誰もが満足し、何ができるかは見えていなかった。ハードウェアがあっても、ソフトウェアは完成していなかったのである。

ゲイツとアレンは、一時はハードの製造を考えたが、すぐやめた。自分たちが得意なのは、コンピュータを使って何かをする「ソフトの製造」だと気づいたからだ。

ゲイツはすでに高校時代、「三目並べ」「月着陸船」などのゲームプログラムを書いていた。やがて「給与計算」「時間割作成」なども書く。大学1年生の頃には、BASIC《ベーシック》(プログラミング言語の1つ)で野球ゲームをつくるために何週間も費やし、「コンマ1つ、コンマ1つ」と寝言を言うほど熱中した。

熱中を支えたのは、自分のビジョンが現実になりつつあるという確信だった。問題は、どうやって未来をリードするかである。

コンピュータが広まっていくとしたら、それを動かすのは自分たちがつくったソフトでなければならない。マイクロソフト創業後、それは「どの机にも1台のコンピュータを、どのコンピュータにもマイクロソフトのソフトウェアを」という言葉になった。

時代の流れを正確に読んでも、そこに自分の居場所をつくれなければ、イノベーションは起こせない。ゲイツは、まだ重視されていないが、自分が最も得意とするソフトの分野に、居場所をつくったのだった。

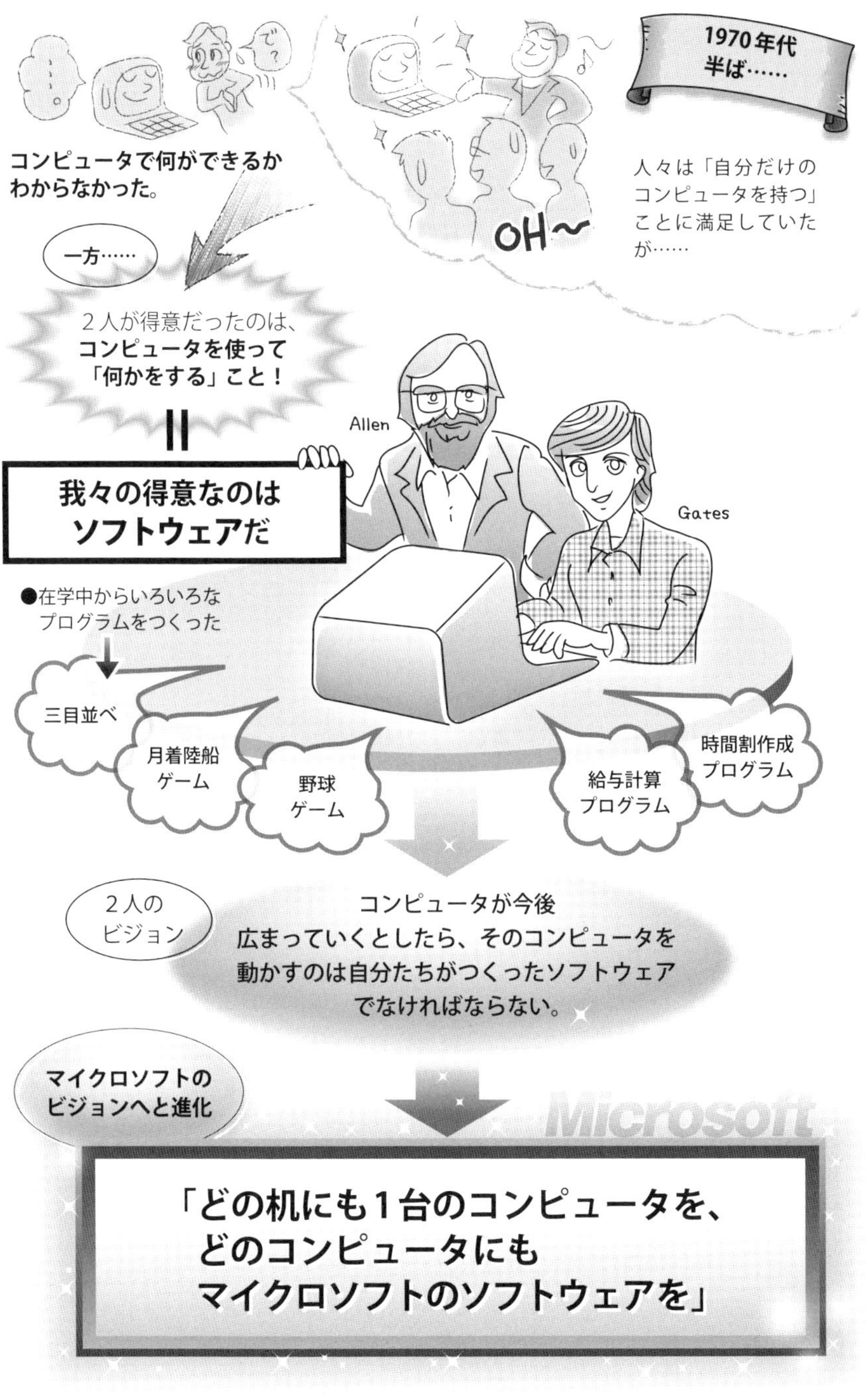

で？
1970年代半ば……
コンピュータで何ができるかわからなかった。
人々は「自分だけのコンピュータを持つ」ことに満足していたが……
OH～
一方……
２人が得意だったのは、コンピュータを使って「何かをする」こと！
＝
我々の得意なのはソフトウェアだ
Allen
Gates
●在学中からいろいろなプログラムをつくった
三目並べ
月着陸船ゲーム
野球ゲーム
給与計算プログラム
時間割作成プログラム
２人のビジョン
コンピュータが今後広まっていくとしたら、そのコンピュータを動かすのは自分たちがつくったソフトウェアでなければならない。
マイクロソフトのビジョンへと進化
Microsoft
「どの机にも１台のコンピュータを、どのコンピュータにもマイクロソフトのソフトウェアを」

ビジネス経験を早く積む。実務は戦闘力の基礎。

「時間給」では働かない

ゲイツは高校時代から「30歳になるまでに百万長者《ミリオネアー》になる」と宣言し、70年にはワシントン州立大学に入学していたアレンと「トラフォデータ社」を創業して、ビジネスを行っている。交通量カウントテープ解析や、時間割作成などのプログラムを作成、自治体や学校に売り込んでいる。

成功例の1つが、ISIという会社から給与計算プログラムを受注したことだ。プログラムを完成させたゲイツは時間給支払いを嫌い、出来高払いか、特許権使用料方式を要求した。そして、ISIがプログラムによって上げた利益の10%を受け取るという契約を結んだ。16歳の時のこの交渉が、ゲイツのビジネスの原点となった。

専門家の指導を受ける

もう１つの成功は、自治体関連事業の請負会社ＴＲＷから電力監視システムのソフトウェアを依頼されたことだ。仕事の中でトップクラスのプログラマー、ジョン・ノートンに出会い、指導を受けることで、ゲイツは本格的なプログラマーに成長した。

やがてマイクロソフトの経営者となったゲイツは「セールスマンであり、技術リーダーであり、弁護士であり、ビジネスマン」と評されるが、その下地は高校から大学時代の実務経験にあったのだ。

ほどなくゲイツとアレンは初のパソコンと言われるＭＩＴＳ社の「アルテア」向けＢＡＳＩＣを書き上げ、業界初の標準を確立することになるが、それを可能にしたのは２人が非常に早い時期からビジネスの現場を経験していたからにほかならない。

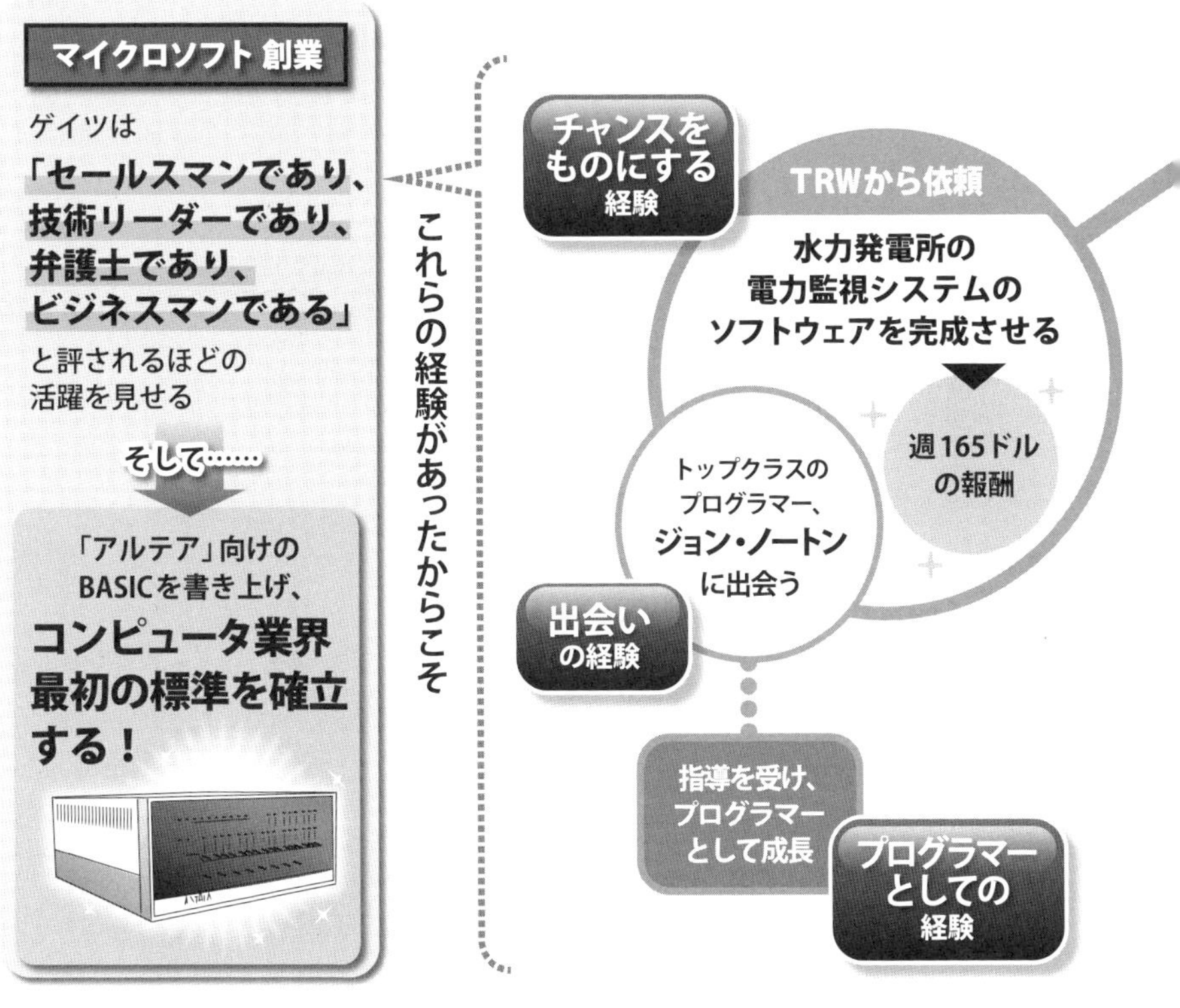

第4話 1st Innovation

必ず「できる」と言う。やり方は後で考える。

製品は受注してからつくればいい

ゲイツの仕事には1つの特徴がある。何かをつくってから売り込むのではなく、何もない段階から平気で売り込み、見事に商談をまとめてしまうのだ。製品は受注してからつくればいいという考え方である。IBMとの仕事も、「ウィンドウズ」開発もそうだった。

原点はアルテアにある。アルテアにはソフトがないという欠点があり、BASICが必要だったが、巨大半導体メーカー、インテルの技術者さえ開発は不可能だと考えるほど難しかった。ゲイツとアレンも開発できていなかったが、アルテアの製作者エド・ロバーツに「BASICをつくった」と売り込んだのである。当時、そんなふうに売り込む人は多

通常の仕事の流れ

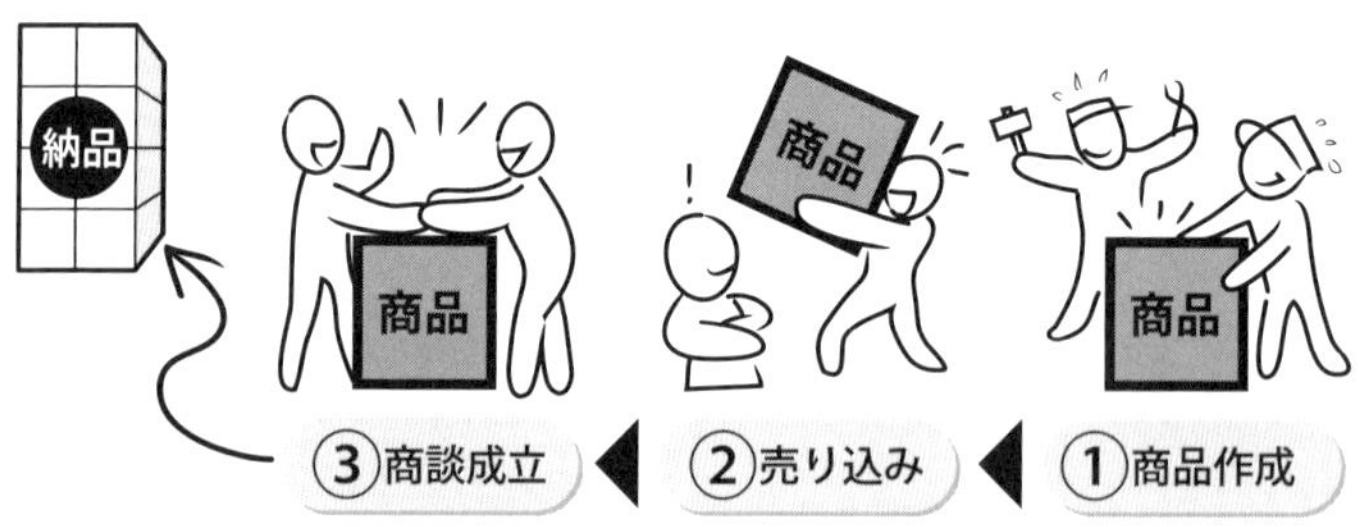

商品
①商品作成
商品
②売り込み
商品
③商談成立
納品

ゲイツのやり方

①売り込み
何もない段階から平気で売り込む
②商談成立
商談を見事にまとめてしまう
ガツガツ
商品
③商品作成
商品は受注してからつくればいい
納品
実際につくり上げてしまう凄さ

くいたから本気にされず、「最初に持ってきた者と契約する」と言われた。

大風呂敷はモチベーションになる

2人は「つくったと明言した以上、なんとしてもつくらなければ」とハーバード大学に8週間こもり、1日20時間以上、作業に熱中した。アルテアの実物を持たず、雑誌に載った図解などが頼りだったという。

ゲイツ自身が「最高のプログラム」と言うBASICは、75年にMITS社でアルテアを作動させた。不可能と言われたことが可能になって、ロバーツまでが感動した。これがパソコン時代の幕開けだった。

後の課題は、BASICをどうやって大金にしていくかだった。

ゲイツが大風呂敷を広げたのは他社を出し抜くためだが、できる前に「できた」と言ったことがモチベーションとなり、イノベーションにつながったのは事実である。

チャンスに全部を賭ける。安全コースに心を残さない。

アレンはMITS社の部長になり、ハーバード大学にいるゲイツとBASICを販売して大儲《もう》けする新会社設立を考え始めた。ゲイツの両親は息子がエリート街道を外れることを不安がったが、ゲイツはこう説得した。

「パソコン革命は始まったばかり。金儲けのチャンスが山ほどある。何万台ものマシンで、僕のつくったソフトウェアが走っている」

2人は75年にマイクロソフトを創業し、MITS社とライセンス契約を結ぶと共に特許権使用料の取り決めも行っている。

MITS社も全米にコンピュータクラブ結成を促《うなが》すなど、アルテアを全国に広める活動を始めた。しかし、すぐ他社の追撃を受ける。BASICも全米に広まって標準となりはしたが、多くは海賊版コピーによるもので、大儲けには至らなかった。

それでもマイクロソフトの初年度の収益は10万ドルを超え、優れた若者が集まり始めた。大企業の仕事も引き受けるようになり、アレンは76年にMITS社を辞め、ゲイツも77年に大学を中退。2人はマイクロソフトにすべてを賭けることになった。

ゲイツのこの決断がソフトウェア市場を生んだと言える。やがてソフトこそがコンピュータの命運を左右することとなった。

ゲイツがハーバード大学を中退したことは両親を落胆させたが、進行中の革命に身を投じ、自分のソフトをすべてのパソコンで走らせることは魅力的だった。人生の岐路には、自分の一生だけでなく、社会をも変える可能性が埋まっている。

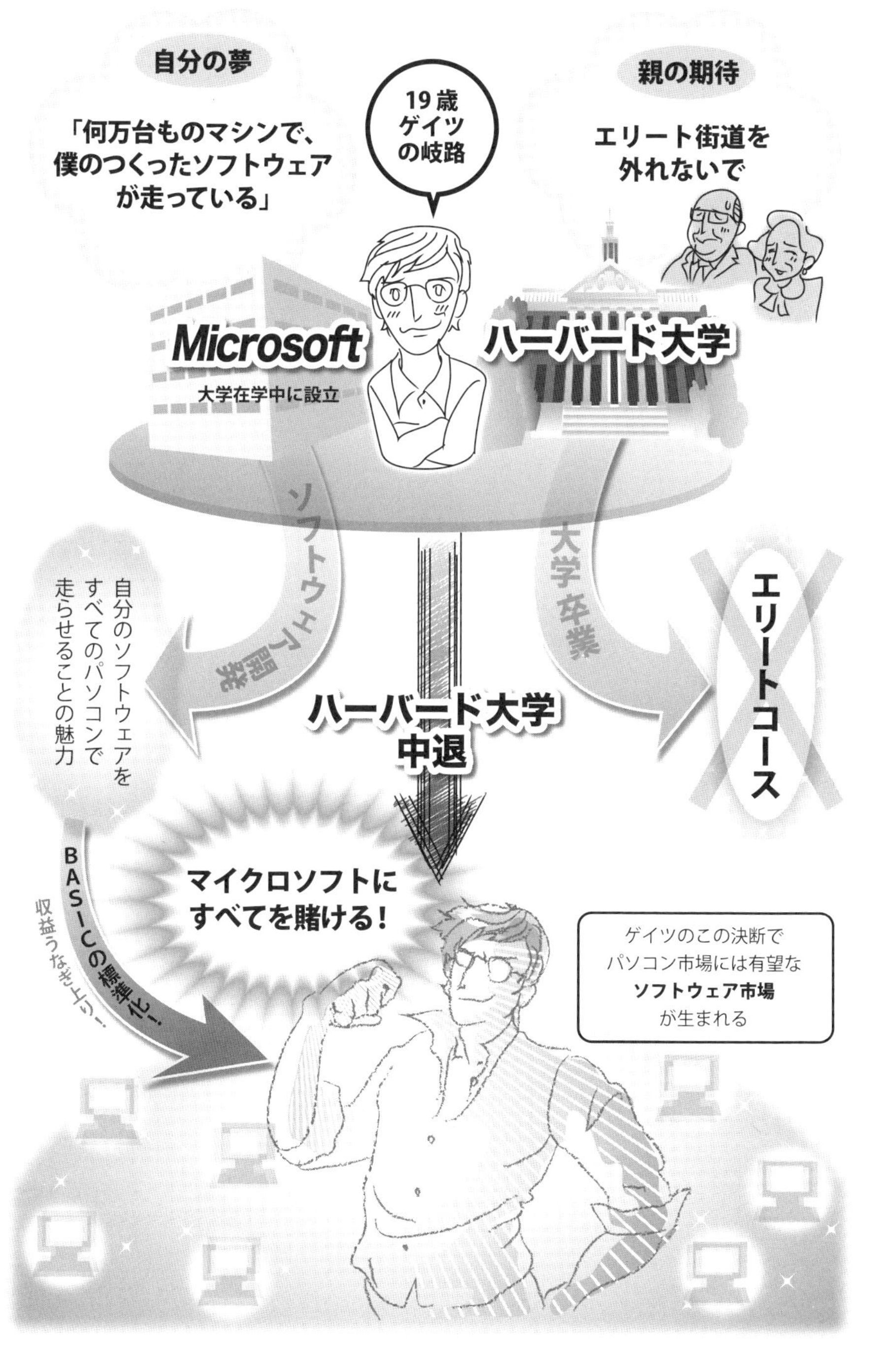
自分の夢
「何万台ものマシンで、
僕のつくったソフトウェア
が走っている」
19歳
ゲイツ
の岐路
親の期待
エリート街道を
外れないで
Microsoft
大学在学中に設立
ハーバード大学
ソフトウェア開発
大学卒業
自分のソフトウェアを
すべてのパソコンで
走らせることの魅力
ハーバード大学
中退
エリートコース
BASICの標準化!
収益うなぎ上り!
マイクロソフトに
すべてを賭ける!
ゲイツのこの決断で
パソコン市場には有望な
ソフトウェア市場
が生まれる

優れているだけでは勝てない。闘ってこそ前に進める。

味方は簡単に敵に変わる

ゲイツはビジネスのためなら法廷闘争も辞さなかった。ＭＩＴＳ社との裁判がそうだ。

77年頃からゲイツはＭＩＴＳ社との関係を重荷に感じ始めていた。ライセンス契約が逆に制約になり、同社の承認がなければＢＡＳＩＣを新顧客に販売できないのだ。

コンピュータ革命で、ソフトの標準を持つマイクロソフトには無限の需要があった。それを制約されては莫大《ばくだい》な利益を逃す。

最初は協力的だったＭＩＴＳ社のロバーツの態度も変わった。数十社が参入して競争が激化する中で、自分の承認なしでは新しい顧客と接触するなと言い出したのだ。さらにロバーツはＭＩＴＳ社をＢＡＳＩＣのライセン

まだまだ他には渡せないよ
何！裁判!? ゲイツと争っても勝てっこない！今のうちに会社を金に換えるか……
BASIC
MITS社エド・ロバーツの承認なしにBASICを販売することはできない！
よし！裁判だ
ゲイツは……
ソフトウェアの天才
有能なセールスマン
そして、
優秀な弁護士
ロバーツめ～BASICの無限の需要をつぶす気か!?

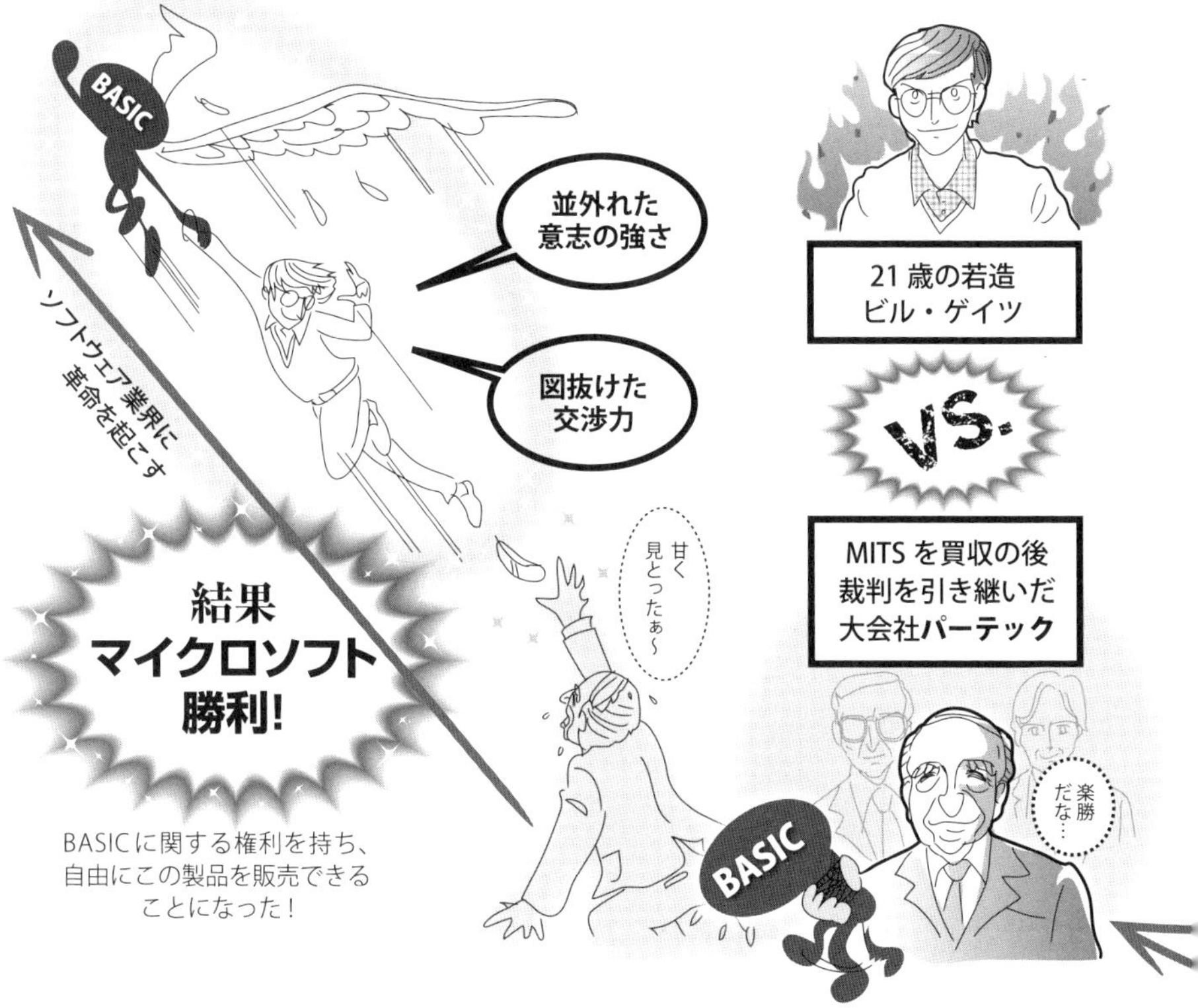

ス契約ごと売却しようとした。

並外れた「闘志」が必要

激怒したゲイツはライセンス契約の終了を告げたが、ロバーツは裁判に訴えた上、勝ち目がないと見るや、ついにMITS社をパーテックという大企業に売ってしまう。

裁判は21歳の若造ゲイツvs売上数百万ドルの大企業パーテックになった。この不利な闘いにゲイツは図抜けた交渉力で勝ち、マイクロソフトはBASICを自由に販売できることになった。

もしパーテックが勝っていたらマイクロソフトは存在せず、パソコン史も変わっていたと言われるほどの勝利だった。

優れた製品や技術を持ちながら、特許紛争や大企業との闘いに敗れて消えたベンチャー企業は数知れない。ゲイツの並外れた意志と闘志がマイクロソフトを成長させ、ソフトウェア業界に革命をもたらしたといえる。

第7話
負ければゼロ。イノベーション企業も競争はシビア。

負けるとライバルが儲けて二重の打撃

ゲイツは負けず嫌いだ。常に勝ち続けたい。ライバルに負けることは絶対に許されない。負けないためには競争相手のことを知り、競争相手を市場から叩《たた》き出すことが必要だ。

79年、ゲイツはゼロックスを訪れ、その日のうちに150万ドルの商談をまとめている。それほど凄い気迫で交渉できたのは、取引が成立しないと二重の損をするからだ。

たとえば5万ドルの契約に失敗すれば5万ドルが入らなくなる。だが、もっと痛いのは契約をライバル企業にさらわれることだ。契約失敗による5万ドル＋ライバルが儲ける5万ドルで、合計10万ドルの損失となる。

ゲイツの「勝ち」へのこだわり
ビジネスでライバルに負けることは絶対に許されないこと
負けないためには
競争相手を市場から叩き出す
競争相手を知る

1979年
アメリカ最大級の企業
ゼロックス
BASICのライセンス契約の交渉
過去の契約の2倍以上の額！大勝利！
150万ドルの商談をその日のうちにまとめ上げる

競争相手を減らせ

ゲイツは80年代の初め、しばしばこんな言葉を口にしている。「デジタル・リサーチ（OS会社）を叩き出してやろう」「マイクロプロ（ワープロソフト会社）とロータス（表計算ソフト会社）を業界から叩き出してやる」

強力なライバルを圧倒できれば「その後に挑戦してくる相手は、そんなに多くはない。ゲームの理論からすると、競争相手が少ないほど、勝つ可能性が大きくなるのさ」と言っている。イノベーションを起こす企業はマイクロソフト1社で十分だった。

やがて業界を制覇した90年代後半、ゲイツは「ライバルは?」と聞かれ、「怖いのはガレージでまったく新しい何かを生み出そうとしている奴《やつ》らだ」と答えた。ガレージとは、ベンチャー起業の象徴である。その言葉通り、グーグルやアマゾンが、インターネットの世界でイノベーションを始めていた。

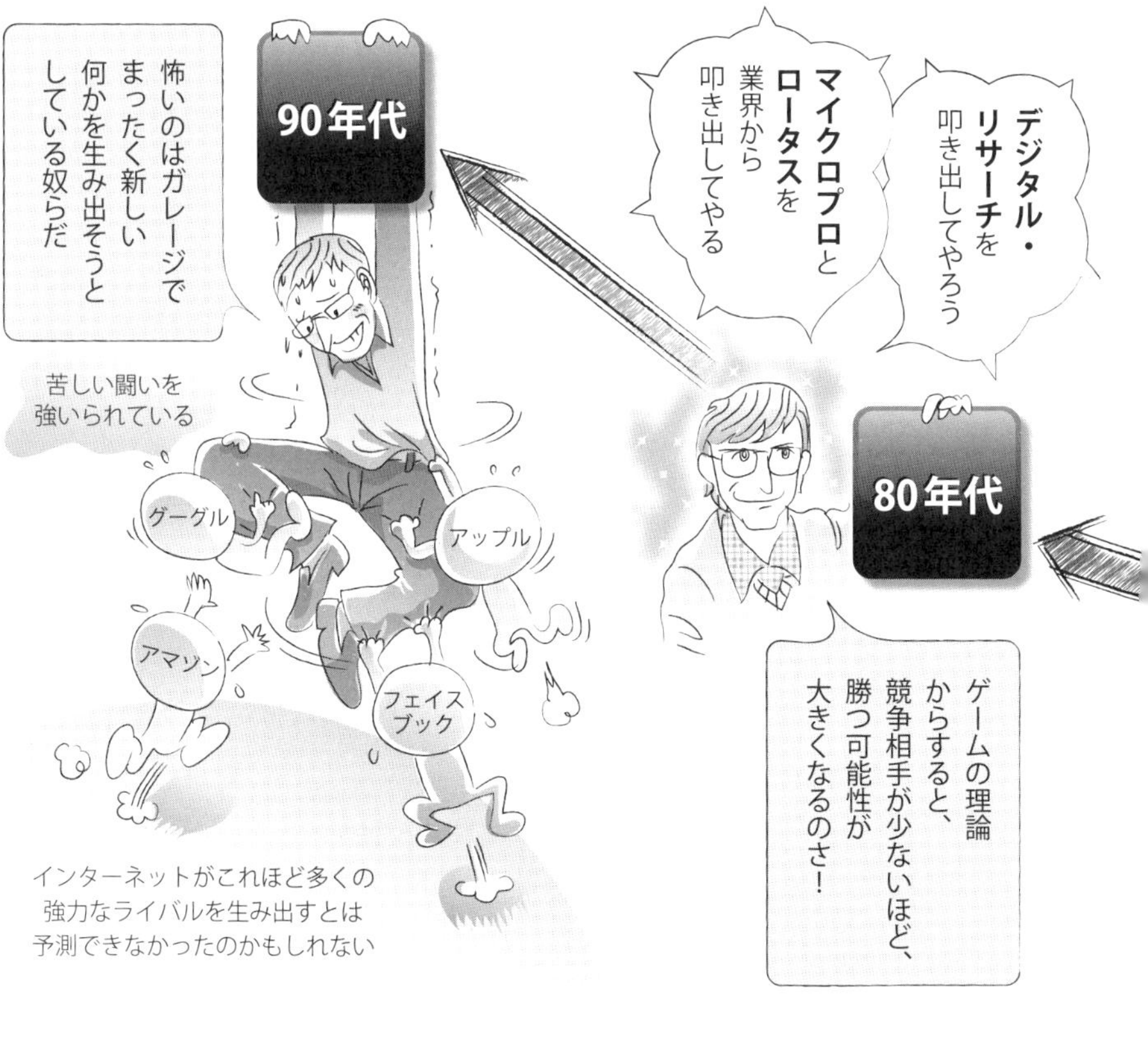
デジタル・リサーチを叩き出してやろう
マイクロプロとロータスを業界から叩き出してやる
80年代
ゲームの理論からすると、競争相手が少ないほど、勝つ可能性が大きくなるのさ！
90年代
怖いのはガレージでまったく新しい何かを生み出そうとしている奴らだ
苦しい闘いを強いられている
グーグル
アップル
アマゾン
フェイスブック
インターネットがこれほど多くの強力なライバルを生み出すとは予測できなかったのかもしれない

第8話

契約はロイヤリティ方式で。大手企業の食い物になるな。

受注さえできれば開発者は見つかる

ゲイツは、製品は受注後につくればいいという考え方をＩＢＭとの仕事で進化させた。

メインフレームの大企業だったＩＢＭもパソコンでは出遅れ、80年にＯＳ（基本ソフト）やＢＡＳＩＣ、ＦＯＲＴＲＡＮ《フォートラン》、ＣＯＢＯＬ《コボル》、Ｐａｓｃａｌ《パスカル》（いずれもプログラミング言語）などソフトウエアの開発をマイクロソフトに頼んできた。年商３００億ドルのＩＢＭも、標準を握る年商７００万ドルのマイクロソフトに頼らざるを得なかったのだ。

しかし、条件は過酷で、開発期間は1年もなかった。ゼロから開発していては絶対に間に合わない。特にＯＳが問題だった。どこからか入手できなければ、すべてが終わる。

相手が幸運にも見つかった。シアトル・コンピュータという会社がうってつけのＯＳを開発していたのだ。マイクロソフトは同社に2万５０００ドル（後に裁判を経て１００万ドル）を支払って、ＤＯＳ《ドス》（ディスク・オペレーティング・システム）と呼ばれることになるＯＳの権利を買い取った。

81年、ＩＢＭはパソコンを発売し、それに搭載されたＩＢＭ－ＤＯＳがパソコンの新たな標準となった。マイクロソフトはＤＯＳをＩＢＭ以外にも供給、そちらはＭＳ－ＤＯＳと呼んでいる。

自分たちでつくり出さなくても買い物に行けばいいというゲイツの割り切りが、ＩＢＭとの難しい仕事を成功に導いたのである。

ゲイツの関心は受注にある
開発中のOS、売ってくれませんか？
ALL OK!
お願いできるかな？
★IBMと正式契約
BASIC
FORTRAN
COBOL
Pascal
自分たちでつくり出さなくても
買い物に行けばいいという
割り切りができる
マイクロソフトの条件
ロイヤリティ契約
売れ行きに応じて
利益が増える
よいしょっと！
IBMからの提案
開発費
何万本売れても
売上は変わらない
これにより……
マイクロソフト急成長！
ゲイツのこだわりはロイヤリティ契約

買い取り契約をしないロイヤリティ契約で未来を開く

　ゲイツは、ＩＢＭとの契約では売上の何％かを受け取るロイヤリティ契約に固執した。ＩＢＭは定額の開発費を払うと提案したが、それではソフトが何万本売れようと、お金はＩＢＭに行くだけだ。ゲイツが粘ってロイヤリティ契約を結んだことがマイクロソフトの驚異的な成長につながった。

　また、ＩＢＭとはＤＯＳのライセンス契約を結んだだけで、マイクロソフトはＤＯＳを他社にも自由に供給できるようにしたことも大きな成功要因だった。

　マイクロソフトはやがてＩＢＭに代わる業界の覇者となる。それは大変なイノベーションだった。その根には契約があった。ゲイツは、受注のためなら開発期間も自分の開発能力も考えない一方で、契約に関しては非常にクールであり、決して譲らなかった。

業界標準を握ってこそ、変革はお金に変わる。

イノベーションは発表した者勝ち

81年、ゲイツは新たなOS「ウィンドウズ」の開発を急いでいた。

79年にアップル創業者スティーブ・ジョブズが、アメリカ最大級の企業ゼロックス社のパロアルト研究所（PARC）のGUI（グラフィカル・ユーザー・インターフェース）を採用したパソコンを開発し始めたのだ。それが出れば業界標準はアップルに奪われる。

さらに82年には、ソフトウェア会社ビジコープ社がGUIを採用した「ビジオン」という製品を開発中と発表している。

83年、ゲイツはウィンドウズの発表に打って出た。もしビジオンが先に出ても、DOSで業界標準を握っているマイクロソフトが凄

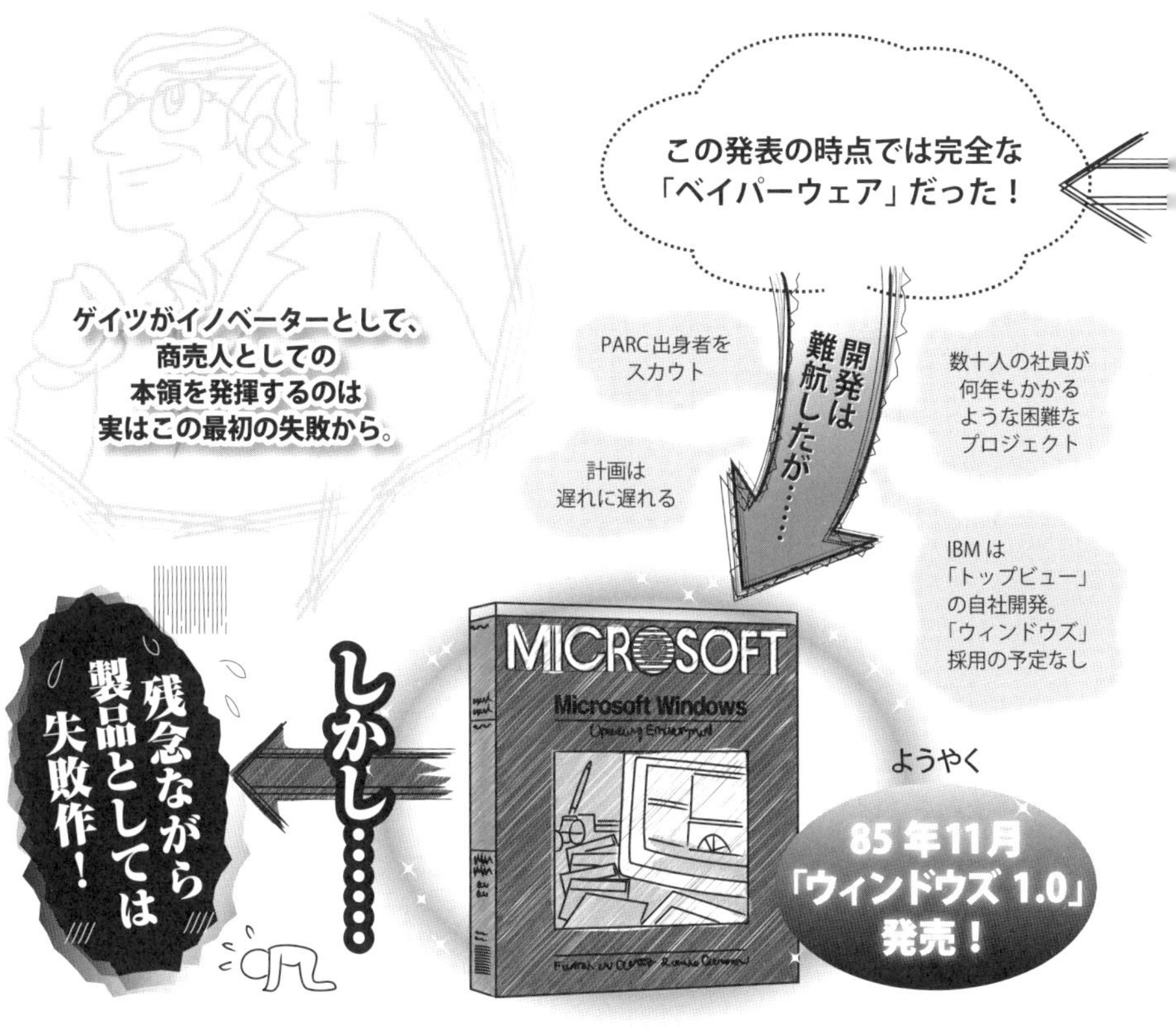
この発表の時点では完全な
「ベイパーウェア」だった！
開発は難航したが……
PARC出身者を
スカウト
数十人の社員が
何年もかかる
ような困難な
プロジェクト
計画は
遅れに遅れる
IBMは
「トップビュー」
の自社開発。
「ウィンドウズ」
採用の予定なし
ゲイツがイノベーターとして、
商売人としての
本領を発揮するのは
実はこの最初の失敗から。
MICROSOFT
Microsoft Windows
ようやく
85年11月
「ウィンドウズ 1.0」
発売！
しかし……
残念ながら
製品としては
失敗作！

い製品を出すとなれば、ユーザーはそちらを待つ。だから発表を急いだのだ。しかし、この時、ウィンドウズは設計すらできていなかった。完全なベイパーウェア（名前だけの実際には存在しない製品）だったのだ。

成功するまでやめないのが成功法

製品を後でつくるのはゲイツ得意のやり方だが、ウィンドウズは数十人で何年もかかる困難なプロジェクトだった。PARC出身者をスカウトしたが、開発は遅れに遅れた。

さらに84年にはIBMが自社開発の「トップビュー」を発表、ゲイツと袂《たもと》を分かった。

ようやく85年にウィンドウズ1・0を発売した。失敗作だったが、ゲイツに「撤退」の文字はない。IBMのトップビューが短命に終わったことにも助けられ、ゲイツはイノベーターとして、商売人としての本領をここから発揮するのだ。ゲイツの大成功は、ウィンドウズの最初の失敗から始まったのである。

最初に成功しなくても、徐々に成功すればいい。

最終的にナンバーワンになればいい

「必ずナンバーワンになるような仕事をすべきである」というのがゲイツの信条だ。

ただし、ゲイツはジョブズのように最初の製品で大評判を取り、革命を起こすタイプではなかった。時間をかけて改良し、最終的にナンバーワン製品にすることが多い。

たとえば表計算ソフトがそうだ。最初に大人気を博したのはアップルⅡで動く「ビジカルク」で、79年に出ている。ゲイツも対抗して82年に「マルチプラン」という表計算ソフトを発表して評価を得たが、83年に「ロータス1－2－3」が登場、市場を制覇されてしまった。しかしゲイツは諦めず、85年に「エクセル」を発売、表計算ソフトの業界標準を

Bill Gates
ゲイツ
時間をかけて改良し、ナンバーワンの製品にするタイプ
ジョブズ
最初の製品で大評判を取り、革命を起こすタイプ
Steve Jobs

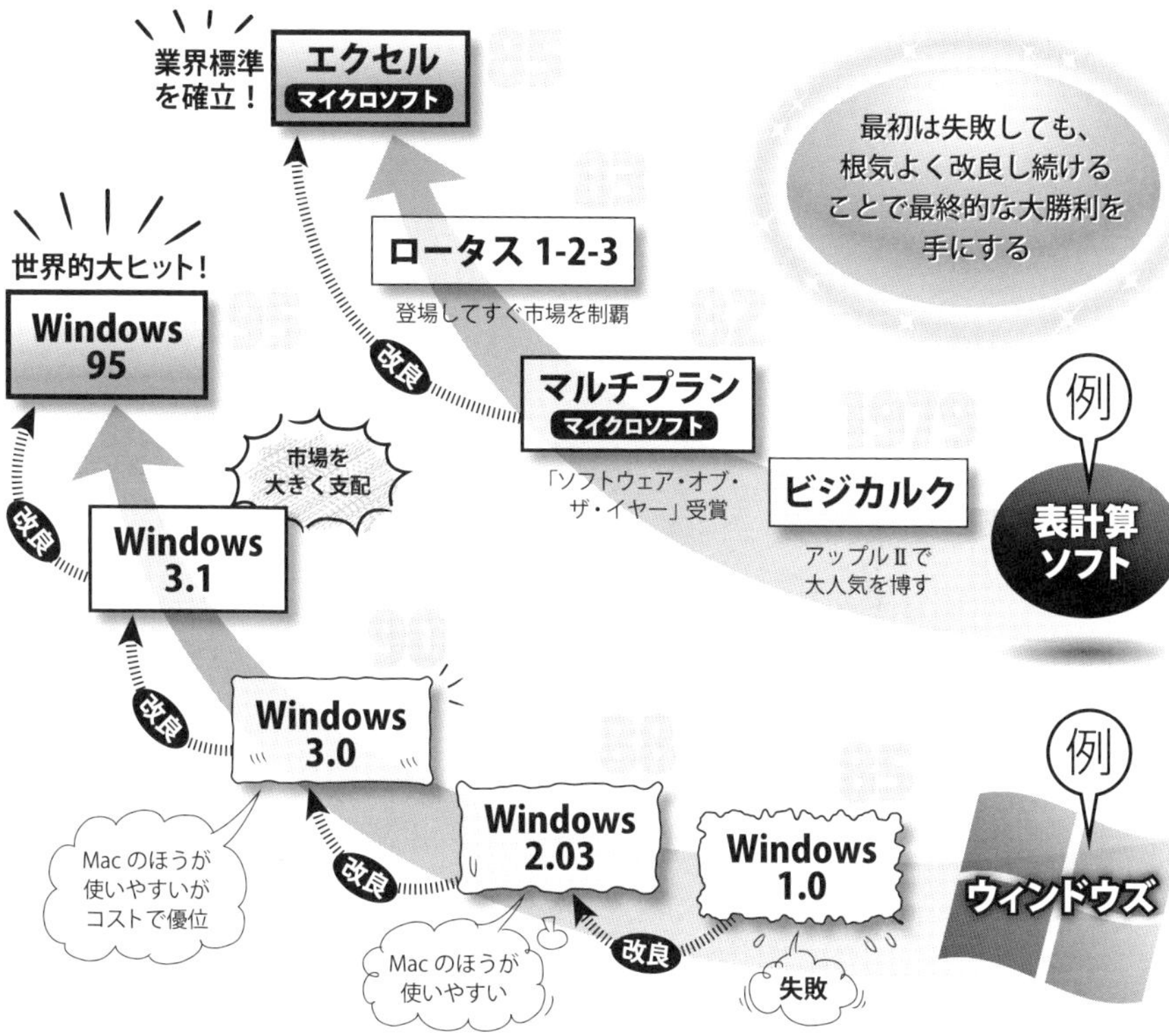

業界標準を確立！
エクセル
マイクロソフト
最初は失敗しても、根気よく改良し続けることで最終的な大勝利を手にする
ロータス 1-2-3
登場してすぐ市場を制覇
改良
マルチプラン
マイクロソフト
「ソフトウェア・オブ・ザ・イヤー」受賞
ビジカルク
アップルⅡで大人気を博す
例
表計算ソフト
世界的大ヒット！
Windows 95
市場を大きく支配
改良
Windows 3.1
改良
Windows 3.0
Macのほうが使いやすいがコストで優位
改良
Windows 2.03
Macのほうが使いやすい
改良
Windows 1.0
失敗
例
ウィンドウズ

確立したのだった。

改良はイノベーションになる

ウィンドウズ1・0でも、ゲイツは最初の失敗で絶対に諦めなかった。改良を重ね、88年にウィンドウズ2・03を、90年にはウィンドウズ3・0を出す。

いずれもジョブズが開発したマッキントッシュ（マック）のほうが使いやすかったが、マックは4000ドルもする。一般のパソコンが2500ドルくらいだから、ウィンドウズ3・0を150ドルで買えばコストで優位に立てた。こうしてウィンドウズ3・1では市場を大きく支配するようになり、95年のウィンドウズ95の世界的大ヒットで業界の覇者となるのである。

改良を進めていた頃、ゲイツは「僕たちは我慢強いんだよ」と言っていた。狙い定めた的《まと》から目をそらさず粘り強く改良することがイノベーションになる。その典型である。

勝つコツは1つ。猛烈に働く。

ゲイツは子供時代から大変な秀才だった。好きな科目は勉強して抜群の成績を上げ、興味のない科目も勉強せずに好成績を残す。

そんな秀才ぶりに、大学に入ってからは猛烈なビジネスマンの側面がプラスされ、マイクロソフト創業後はさらに凄味を増した。夢中になれば36時間ぶっ通しで働き、10時間休むとピザを食べて仕事に戻る。朝、昼、深夜の区別もなかった。

トップであるゲイツがこうなのだから、社員への要求レベルも高くなる。「猛烈に仕事をし、よりよい製品をつくり、そして勝つ」ことが常に求められた。

必要なのは明晰《めいせき》な頭脳と高いＩＱ（知能）、それにやる気と自立性だ。

マイクロソフトを志望する学生は「目標を達成できなかった時はどうするか」と聞かれ、「達成できないなんて絶対ありません」と答えられる人間でなければならなかった。

賢い人間であれば、プログラマーである必要はない。元気のいい人間がいたら、すぐに雇う。定員はなかった。

優秀な人間を「自社株を購入できる」というエサで次々と採用する。ゲイツは彼らに世界的なレベルの敬意を払い、最高の労働環境を提供した。全員の名前や顔、内線番号、車のナンバーまで覚え、一方で自分と同じくらい猛烈に働くことを求めた。業績を上げられない人間は容赦なく首を切られた。

やる気にあふれた天才を集め、トップも社員も猛烈に働く。急成長企業はみんなこうして伸び、イノベーションを起こしている。

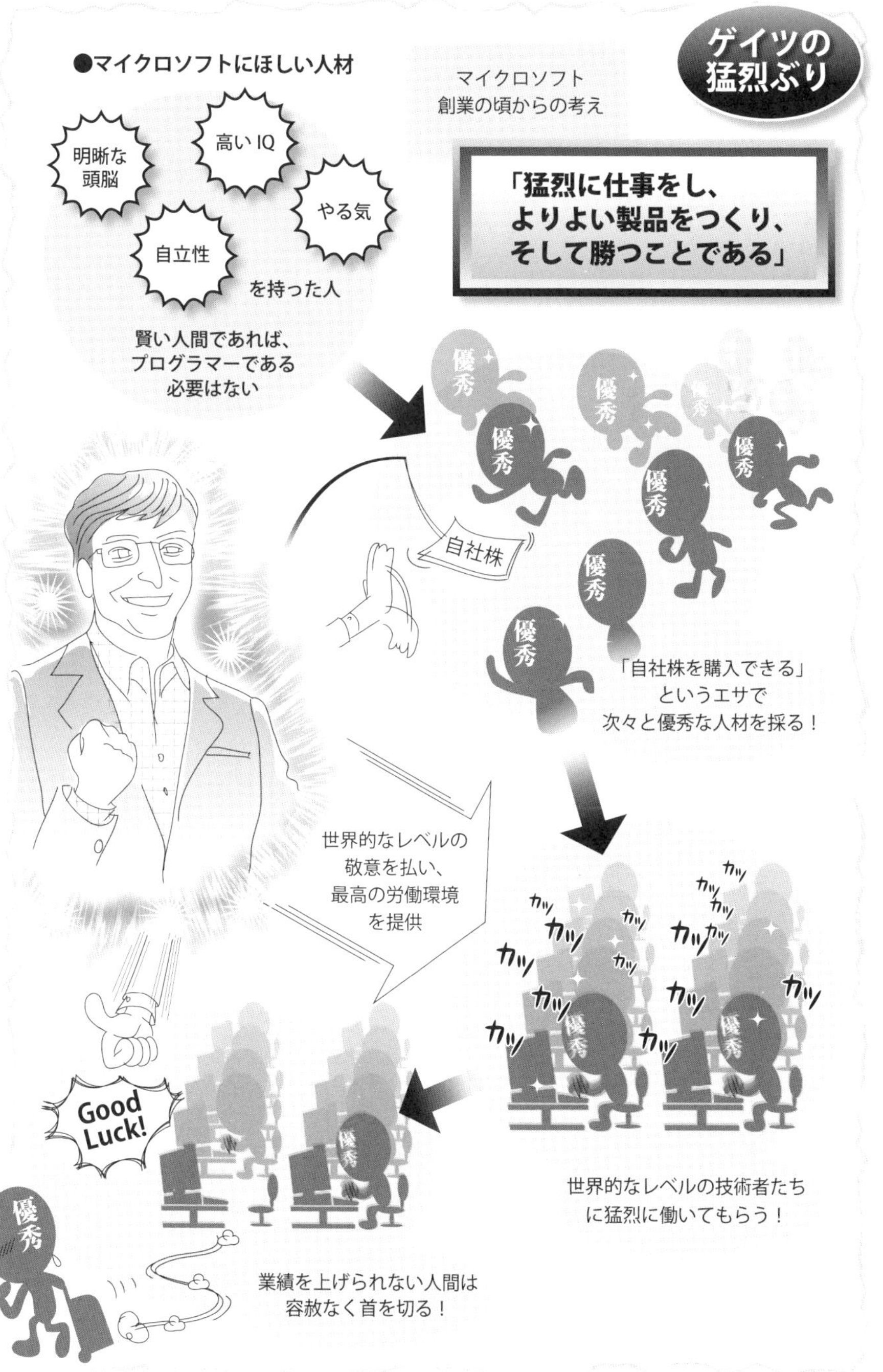
ゲイツの猛烈ぶり
●マイクロソフトにほしい人材
明晰な頭脳
高い IQ
やる気
自立性
を持った人
賢い人間であれば、プログラマーである必要はない
マイクロソフト創業の頃からの考え
「猛烈に仕事をし、よりよい製品をつくり、そして勝つことである」
優秀
自社株
「自社株を購入できる」というエサで次々と優秀な人材を採る！
世界的なレベルの敬意を払い、最高の労働環境を提供
カッ
世界的なレベルの技術者たちに猛烈に働いてもらう！
Good Luck!
業績を上げられない人間は容赦なく首を切る！

第12話

改善は時間勝負。1分1秒を惜しむ。

猛烈に働くゲイツの時間感覚

僕は会社に12時間もいたんです……
へぇー、まだ半ドンだったのかい
言う人を間違えた……
ドテ☆

何かを成し遂げようとする時、時間は制約条件となる。だからゲイツは1分1秒を惜しんで休日も深夜も働く。エピソードも多い。

その1。ある会社の社長が夜8時頃にゲイツと歩いていると、長時間の仕事を終えて帰宅途中のプログラマーがいて、ゲイツにこう言った。

「僕は会社に12時間いたんですよ」

「へぇー、まだ半ドンだったのかい」

このゲイツの返事が冗談ではなく、本気だったことに社長は驚きあきれたという。

その2。ある社員が賞賛に値する素晴らしい仕事をした。だが、ゲイツはこう言った。

「なんで2日前にしなかったんだ」

その3。ゲイツは飛行機の離陸時間ぎりぎりに空港に到着し、飛び乗る癖《くせ》があった。少し早めに出ればいいのに、「僕は時間の浪費を好まない。便が出る1時間も前に行っているような男じゃない」と平然としていた。

その4。ゲイツは、時速130キロ以下で走ったことがないというほど車を飛ばす。ある時、日本からの客をゲイツ自身が車で空港に出迎えに行ったが、会社に着いた時には客は顔面蒼白《そうはく》で、アレンに「ゲイツさんはいつもこんなにスピードを出すんですか」と尋ねたほどだった。

1分1秒を惜しむゲイツの悪い癖

第13話

最初はお金が目的でいい。真の目的にやがて気づく。

ゲイツはレイクサイド・スクール時代からビジネスで大金を手にするのが夢だったが、株式公開には熱心ではなかった。

ゲイツにとって株式公開の利点は、ストックオプションを与えることで優秀な社員を確保できることだった。株式公開を決めたのも85年、30歳の誕生パーティーの後だ。売上1億4000万ドル、利益3120万ドル、利益率19%という凄い業績だった。

株式公開を決めたゲイツには厄介な仕事が回ってきた。1つは株を買いたいというたくさんの電話。もう1つは株の宣伝のために都市を回ってプレゼンテーションを行うことだった。ゲイツは苛立《いらだ》ちを隠さず「僕が考え、夢見ているのはソフトウェアを売ることであって、株を売ることじゃない」と言った。

創業者の試練だった。

86年、株式が公開され、創業者のゲイツとアレンは億万長者《ビリオネアー》となり、株を持つ社員たちは熱狂した。オフィスには株価の動きを表すチャートが貼られ、社員の集中力を散漫にさせた。ゲイツは「書類上の富に自分を失ってはいけない」と警告したが、狂騒は簡単には収まらなかった。

株式公開によってゲイツは世界一の資産家への道を歩むが、彼の心はいつもソフトウェアにあった。「僕には腐るほど金がある。それでも、僕はいつもと同じハンバーガーを注文する。僕が株価なんて気にしていないということを信じてほしい」と言っている。ゲイツはイノベーターになることでお金が夢ではなくなった。ソフトが新たな夢になったのだ。

1985年10月
30歳の誕生パーティーの後
僕は
30歳になるまでに
百万長者になる
レイクサイド・
スクール時代
からの夢
ゲイツ株式公開を決める
●ゲイツの考える株式公開のメリットは……
優秀な人材を確保できることのみ
ストックオプションを与えることで
株式を公開した時には社員は大金を
手にすることができる
●創業者の試練を乗り越えて……
リ～ン
リ～ン
株を買いたいという
たくさんの電話
株の宣伝のため
いくつもの都市を回って
プレゼンテーション
僕が考え、夢見ているのはソフトウェアを売ることであって、株を売ることじゃない！
イラ
イラ
厄介な仕事に
苛立つゲイツ
1986年3月
熱狂のうちに……
マイクロソフト株式公開
創業者のゲイツとアレン
億万長者になる
イラ
イラ
書類上の富に自分を失ってはいけない！
集中力も散漫に
なった社員に
苛立つゲイツ
ワー
ワー
社員は狂騒！

第14話

1st

勝つことに欲深くなれ。お金は勝者についてくる。

大切なのはお金を稼ぐこと　浪費はビジネスではない

企業の社風には創業者の個性が色濃く反映される。どんな社風であるかが、イノベーション企業か、保守的企業かを決めていく。

ゲイツがつくったマイクロソフトの社風の特徴は、勝つことへの貪欲《どんよく》さにあるだろう。ビジネスという名のゲームに勝って与えられる点数がお金だ。だから、ゲイツはお金を稼ぐことには執着するが、お金を使うことには関心を示さない。ケチではないが、浪費やムダ遣いをしない。

81年、会社の売上が1600万ドルに達し、ゲイツは社員と高級レストランに行き、みんなに高級ワインを注文したが、自分が口にしたのはいつものハンバーガー。成功しても食事への関心は薄かった。

85年、雑誌社がゲイツの写真を撮影しに来た。当時のゲイツは服装に無頓着で、ポーズを取るとセーターの脇の下に大きな穴が開いていた。ポーズを変えると、反対側にも穴が開いており、セーターを脱ぐとシャツに大きなシミが見つかった。社員が新しいシャツを着せてその場をしのいだが、ゲイツは「僕には僕の生き方があるんだからほっといてくれ」と癇癪《かんしゃく》を起こしたという。

人生目標をお金とは別にする

株式公開後はさすがに自宅の新築と愛車のポルシェに大金を投じているが、ビジネスに

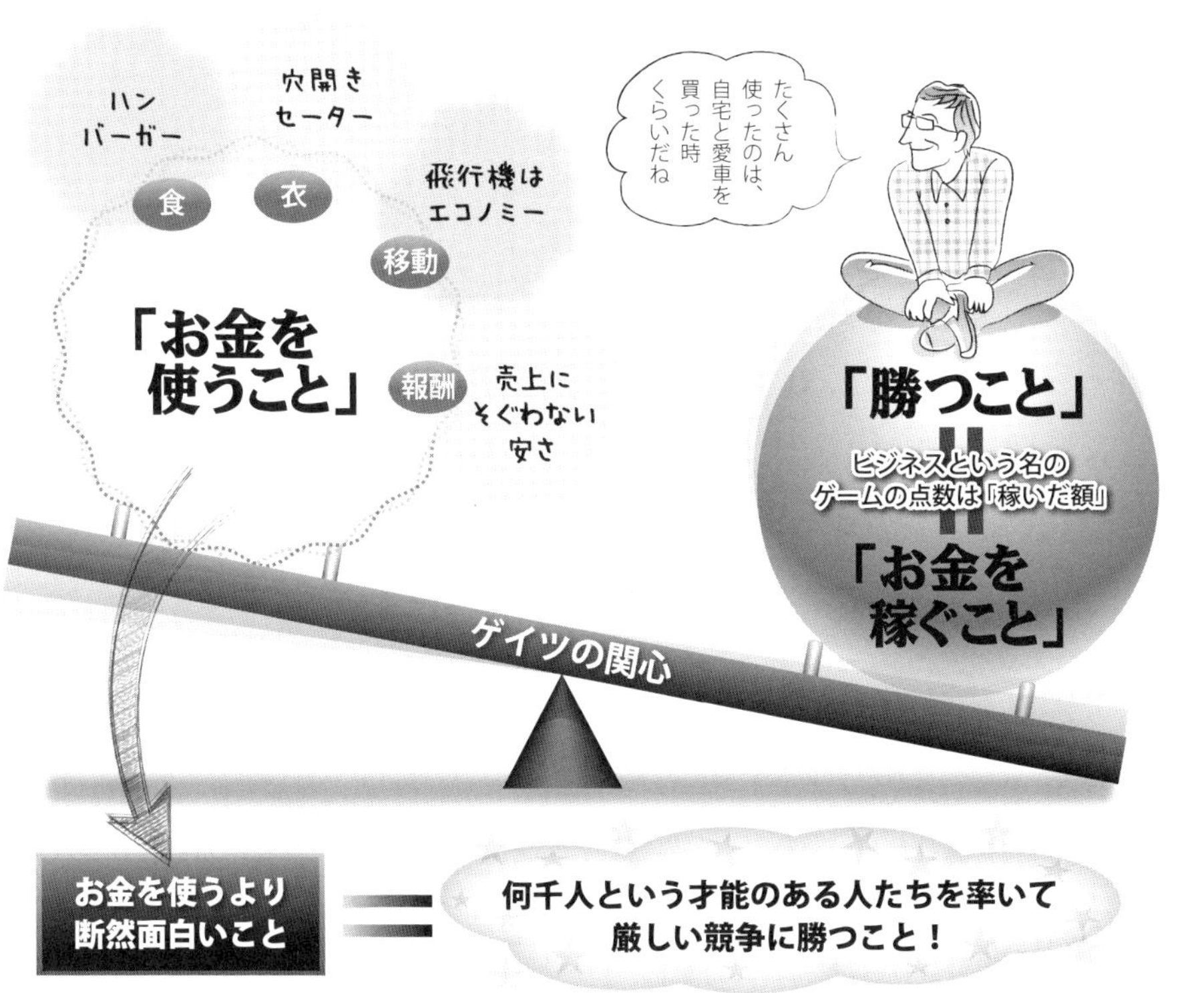
ハンバーガー
穴開きセーター
飛行機はエコノミー
食
衣
移動
報酬
売上にそぐわない安さ
「お金を使うこと」
たくさん使ったのは、自宅と愛車を買った時くらいだね
「勝つこと」
ビジネスという名のゲームの点数は「稼いだ額」
「お金を稼ぐこと」
ゲイツの関心
お金を使うより断然面白いこと
何千人という才能のある人たちを率いて厳しい競争に勝つこと！

関しては97年に社用ジェット機を買うまで飛行機はエコノミーを利用している。「ファーストクラスでも、飛んでいる時間は変わらない」というのがその理由である。

ゲイツは運転手つきのリムジンにも乗らないし、ジェット機を乗り回すこともしない。「そういうことに慣れるのが怖いんだ」と、自らを律する姿勢を示している。

あるいは自動車会社クライスラーのCEOが450万ドル、GMのCEOが520万ドルもの報酬を受け取っていた90年当時も、ゲイツは27万ドルしかもらっていなかった。

ゲイツの人生目標はお金とは別にあった。何千人という才能のある人たちを率いて厳しい競争に勝つほうが、断然面白いのだ。お金よりも何よりも仕事が好き。それがゲイツの絶えざるイノベーションの源になっている。

お金に執着しないからこそ、2008年からは世界最大の慈善団体ビル＆メリンダ・ゲイツ財団の活動に専念できているのだろう。

第15話

海外進出も早い時期に始める。

1977年
マイクロソフト
日本に進出
日本市場を手をこまねいて見ているわけにはいかなかった
橋渡し
西和彦氏
雑誌『アスキー』の創刊など日本のコンピュータ業界の風雲児。後にマイクロソフトの副社長にまでなる
マイクロソフトの極東代理人になる契約を交わす
●マイクロソフトのBASIC搭載
●国産パソコンの代表的機種
NEC PC-8801 発売！

なぜ創業2年で日本に進出したのか

マイクロソフトが世界を制覇できたのは、77年という早い時期に日本進出を決めたことも大きいのではないだろうか。

橋渡し役は西和彦《にしかずひこ》氏だ。雑誌『アスキー』を創刊した西氏は、BASICを設計したゲイツに会いたいと思い、アメリカで1時間だけ会う。2人は意気投合し、西氏がマイクロソフトの極東代理人になる。これがきっかけとなり、NECのPC－8801など日本のパソコンのソフトウェアにはマイクロソフトが採用されるようになった。

創業わずか2年で日本進出を決めた理由をゲイツは「日本のメーカーが世界市場で我々と競争できるほど強力になる可能性が予測で

きたので、日本市場を手をこまねいて見ているわけにはいかなかった」と述べている。

77年当時で、マイクロソフトと契約を結んでいる日本のメーカーは28社にものぼった。

発展の鍵は新興国にある

ゲイツは以後もヨーロッパ、インド、中国などの海外進出を積極的に推し進める。「インターネット・エクスプローラー」のシェアがアメリカ国内より海外のほうが大きくなった時には、「ライバル企業は海外でのビジネスが苦手なようだから、我々は非常にいい成績を上げられる」とも言っている。

今後の発展の鍵を握るのは発展途上国（新興国）への進出だという読みからだ。

ゲイツは、いつでもまず打って出ることでシェアを取る。そして、打って出た以上は粘りに粘ってすべてをものにする。そういう大胆さとスピード感、抜群のビジネスセンスがイノベーションには不可欠である。

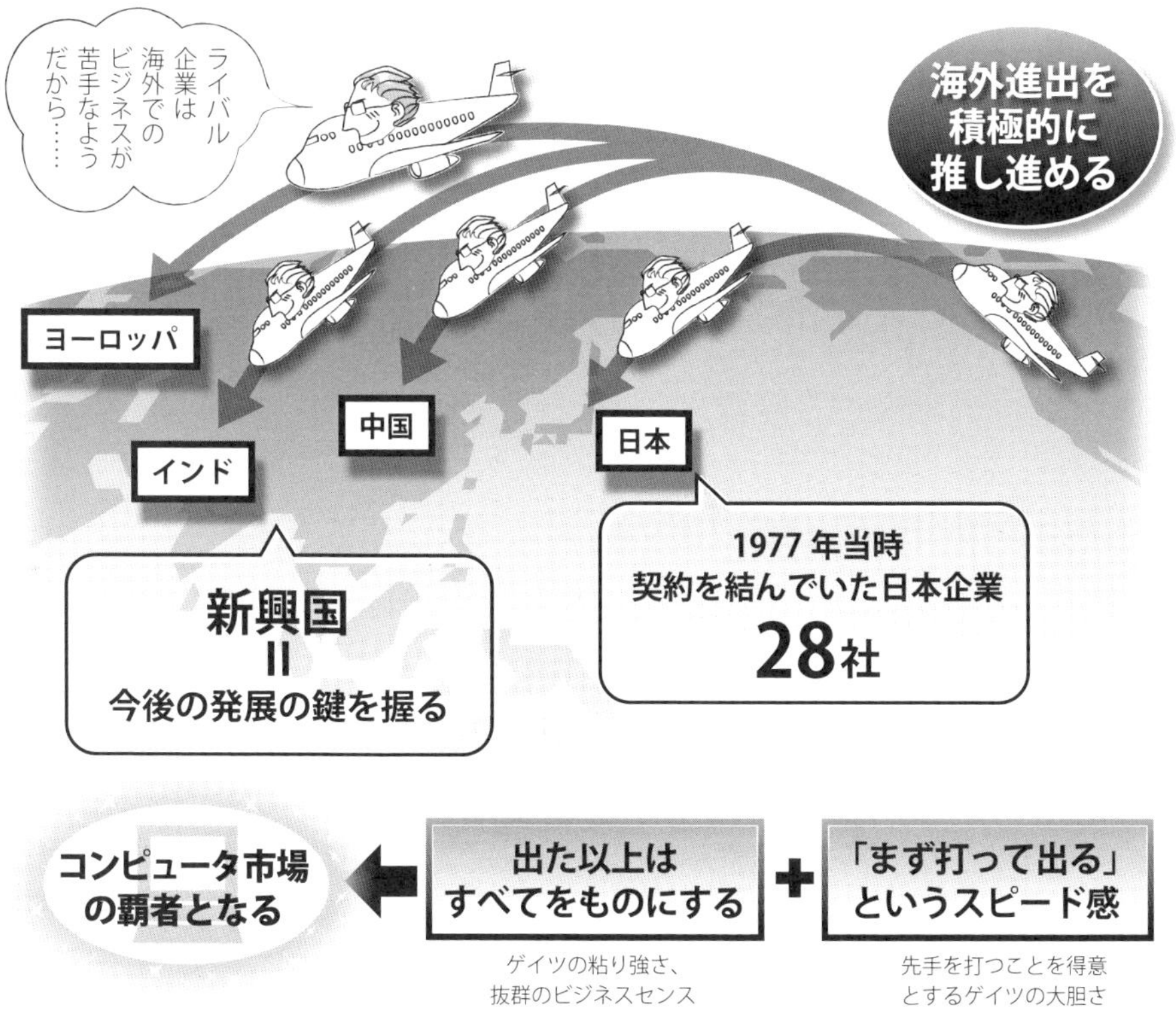
ライバル企業は海外でのビジネスが苦手なようだから……
海外進出を積極的に推し進める
ヨーロッパ
中国
インド
日本
新興国
=
今後の発展の鍵を握る
1977年当時
契約を結んでいた日本企業
28社
コンピュータ市場の覇者となる
出た以上はすべてをものにする
ゲイツの粘り強さ、抜群のビジネスセンス
+
「まず打って出る」というスピード感
先手を打つことを得意とするゲイツの大胆さ

日本のイノベーション 1

栄光のウォークマン

夢は「人のやらないこと」

ソニー創業者の盛田《もりた》昭夫《あきお》氏はスティーブ・ジョブズやジェフ・ベゾスが「最も尊敬する経営者」の1人としてあげるほどのイノベーターだった。

1946年に井深《いぶか》大《まさる》氏と創業したソニー（当時は東京通信工業）は資本金19万円の小企業だったが、夢は大きく、技術は先進的だった。「人真似をしていては道は開けない。人のやらないことをやろう」と、日本初の小型テープレコーダーや、日本初の小型トランジスタラジオを次々と世に送り出している。

後追いで類似製品をつくる大手企業に利益をさらわれ、「ソニーは大手電機メーカーのモルモット（実験動物）」と言われたりしたが、盛田氏は気にしなかった。「私どもは技術開発だけでなく、人事管理の面においてもモルモット的役割を果たして行くつもりでございます」と言っている。製品だけでなく、マーケティングでもファイナンスでも、マネジメントでも、すべてにおいて先頭を走りたいと考えていたのだ。

このようなイノベーションの風土から生まれたのが、世界的大ヒット製品「ウォークマン」だった。

会長命令でできたウォークマン

79年、盛田氏は小型テープレコーダーにヘッドホンをつけて音楽を聴いていた井深氏の姿にヒントを得て、若者が音楽を屋外に持ち出せるヘッドホン付き再生専用機の開発を指示した。

開発期間は4ヵ月で価格は4万円以下。無茶な注文だった。反対の声が巻き起こったが、盛田氏は「会長命令だ、やれ」と頑として譲らなかった。

発売当初のマスコミの反応も冷ややかだった。だが、若者を中心に口コミで広がる。やがてウォークマンは音楽の聴き方に一大革命を起こし、「音楽を持ち歩く」というライフスタイルは世界で定着した。これによってソニーブランドは世界で揺るぎないものとなった。ソニーはまぎれもなく20世紀を代表するイノベーション企業だった。

第2章

アマゾン

ジェフ・ベゾスの顧客志向イノベーション

――要は「サービス」だ

Amazon

人と同じものを見て、人と違うことに気づく。

1994年
インターネット……？
D・E・ショー副社長
ジェフ・ベゾス
D・E・ショーのCEO
デビッド・ショーより
インターネットの調査
を命じられる
1993年秋
ウェブ・ブラウザ・ソフト
「モザイク」
が発表される
インターネット時代
の幕開け
人々も企業も大注目
ここで
インターネットが
年率2300%という
信じられない勢いで
成長していること
を知る

まだ目立たないものに好機がある

イノベーターの特徴は、小さな潮流を見て、「凄いことが起きている」と気づくことだ。

アマゾンの創業者ジェフ・ベゾスが、まだ小さな潮流だったインターネットの凄さに気づいたのは１９９４年である。

ベゾスは86年にプリンストン大学を首席で卒業、金融会社副社長補佐などをへて90年に世界最大級のヘッジファンドD・E・ショーに入社、後に同社最年少の副社長となった。

インターネット時代の幕開けは93年。ウェブブラウザ「モザイク」が出て、簡単に大量の情報を引き出せるようになったのだ。

D・E・ショーのCEOデビッド・ショーも関心を持ち、ベゾスに調査を命じた。ここでベゾスはインターネットが年率２３００％という信じられない勢いで成長していると知る。そして「年に２３００％成長するものは、今はまだ目につかなくても、明日になれば巷《ちまた》にあふれるようになる」と考えた。

大切なのは意味に気づくこと

ベゾスは才能にあふれ、早い時期から自分の会社をつくることを夢見ていた。インターネットの爆発的な成長を見て大きな可能性を感じ、そこにどんなビジネスチャンスがあるのかを模索し始める。

これがスタートとなって、ベゾスはアマゾンを創業するのである。

ベゾスと同様にネットの成長を知った人は多い。だが、その意味に気づいた人は少なかった。人は誰しも同じようなものに接するが、そこに何を読み取るかは大きく異なる。ベゾスはチャンスに気づき、そして行動に移した。その差は限りなく大きかったのだ。

年に2300%成長するものは、今はまだ目につかなくても、明日になれば巷にあふれるようになる
はっ
イノベーターの気づく力！
ビビビッ
大きな可能性を感じる
インターネットでのビジネスチャンスを模索し始める
amazon.com
そして
「アマゾン」創業へ……

第2話 2nd

改革は偶然では起きない。顧客調査から始める。

イノベーションは偶然では起こらない。綿密な調査が必要だ。ベゾスも「人がインターネットで買うものといったら何だろう」ということを、ネットに似た通信販売で調査した。

答えは「消費者は自分がよく知っているものを買いたがる」だった。

具体的には音楽が通販上位にあった。だが、大手企業が厳しくガードしているため除外。

では本は？　本を知らない人はいない。だが、通販上位に入っていない。数が多すぎて紙のカタログに収容しきれないからだ。流通中の音楽ＣＤは30万点なのに、本は世界で３００万点もあった。

一方で、本には音楽にない条件もあった。まず、大規模書店でも在庫は20万点以下。つまり、本は店舗ですべての商品を揃《そろ》えるのが不可能だ。

次に、本は大手企業に支配されていない。米国最大手の出版社ランダムハウスさえ、シェアは10％未満。２大書店チェーンの売上も、市場全体の４分の１以下だった。

変化の予兆もあった。多くの書店が24時間の電話対応、クレジットカード決済、翌日配送を組み合わせる形で、通信販売を行っていた。ネット販売も92年にブックス・ドット・コムがスタートをしていた。

これらの調査の上に立ち、ベゾスは「これだけ膨大で多様な商品があれば、これまで存在し得なかったような店をオンラインでつくることができる」と考えた。そして、インターネットでの書籍販売こそが大きな成長性を秘めていると確信するようになったのだ。

人がインターネットで
買うものといったら
何だろう？
消費者は
自分がその内容を
よく知っているものを
買いたがる
本の通信販売の場合、
あまりに数が多すぎて
紙のカタログではとても
収容しきれない
本は？
★本を知らない
人はいない！
★インターネットで
本を売るメリット
★ウェブなら
カタログが
無制限！
イノベーションを
起こす綿密な調査
★本の通信販売も
成長しつつあった！
★本は一部の出版社
や書店によって支配
されていない！
24時間の
電話対応
クレジット
カード決済
翌日配送
2大書店チェーンの売上でも、
市場全体の4分の1以下
結果
インターネットでの書籍販売こそ
大きな成長性を秘めていると確信

収入が増えそうな道よりも後悔が少なそうな道を選ぶ。

最初は……
D・E・ショー社初の
インターネット事業は
書籍販売にするべきだ
ウチで書籍はちょっとないな……
と提案
しかし
却下される
デビッド・ショー
ジェフ・ベゾス
この時ばかりは……
会社を辞めて
自分で実行
する！
よくある風景
次のチャンス
を待つ
諦める

判断基準は「後悔最小化フレーム」

アイデアだけではイノベーションは起こらない。実行が必要だ。ベゾスは最初、デビッド・ショーに「会社初のインターネット事業は書籍販売にするべきだ」と提案した。残念ながら却下。部下としては、諦めるか次の機会を待つのが賢明だろう。

しかし、ベゾスは違った。会社を辞めてでも「この馬鹿げた考えを実行する」とショーに告げるのだ。ショーは「それは失うものの少ない人にとっての素晴らしい考えだ」と、思いとどまるように説得した。

ベゾスは、80歳の自分が人生を回想する「後悔最小化フレーム」を使って反論した。会社を辞めると94年のボーナスを棒に振るが、80

この馬鹿げた考えを実行します！
そ、それは素晴らしい考えだが、「失うものの少ない人」にとっての素晴らしい考えというものだよ。何も辞めなくても……
副社長ベゾス退社
bye
このアイデアは、書店業界に革命を起こすことができると確信していた
期待が後押し
年間成長率2300%への
焦りが後押し
ムダな時間を過ごす暇はない！

歳のベゾスはそれを後悔しないし、覚えてもいないはずだ。一方、アイデアを棒に振ったら、きっと後悔する。「そう考えたら、決断するのは信じられないぐらい簡単になった」と言っている。

ベゾスは書店業界を全然知らなかったが、年に2300%も成長しているという切迫感が決断を後押しした。

どこでやるかの条件

いったん「やる」と決めたら、次はどこでやるかだ。条件は3つ。①エンジニアやプログラマーがたくさんいる。②人口が少ない。本の売上税はその州の住民が注文した本にのみかけられるからだ。③本を送る関連業者が近くにいる。結論はシアトルだった。マイクロソフトの本社があり、エンジニアの宝庫だ。人口は少なく、全米最大の書籍配送センターも比較的近くにあった。友人もいた。94年夏、ベゾスは妻と共にシアトルへ向かった。

ライバルがいない間に無敵の急成長を遂げておく。

取次業者
書店
ネットで書籍を売る上での好条件
インターネットに関心を持っていなかった
インターネットの本屋を始めるつもりです
そうですかー凄いですねーハハハハ
はいはい、コンピュータオタクさん、ご勝手に
ポリポリ
チャンス！
ベゾスの戦略
「Get Big Fast」
大型書店が気づく前にできるだけ速く会社を大きくする

手堅く始めても大手に負けるだけ

ベゾスの戦略は「ゲット・ビッグ・ファスト（速く大きくなる）」である。手堅く始め、少しずつ大きくする方法はダメだ。大型書店や取次業者が本格的にインターネットでの販売を始めたら太刀《たち》打ちできない。競争相手がいない間に会社をできるだけ大きくし、「地球最大の書店」にしたいと考えた。

そのため社名や社屋にもこだわった。社名は地球最大の川、アマゾン。アルファベットの最初の文字から始まる名前だし、2位の川より流域面積で2倍も大きい。

最初の社屋はガレージ。アップルも、憧れのコンピュータ会社ヒューレット・パッカードもガレージからのスタートだった。

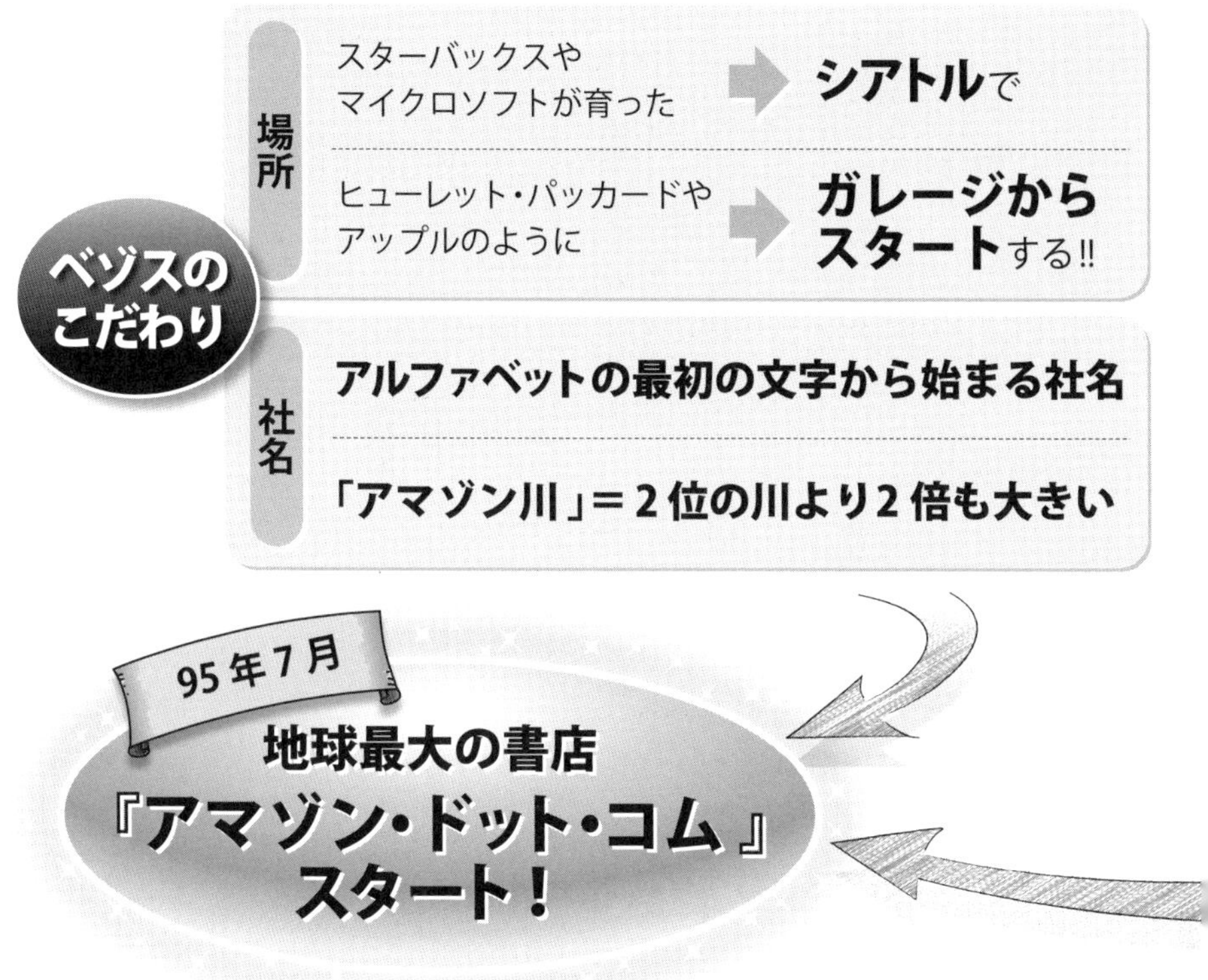
ベゾスのこだわり
場所
スターバックスやマイクロソフトが育った
シアトルで
ヒューレット・パッカードやアップルのように
ガレージからスタートする!!
社名
アルファベットの最初の文字から始まる社名
「アマゾン川」＝2位の川より2倍も大きい
95年7月
地球最大の書店
『アマゾン・ドット・コム』
スタート！

場所のシアトルは、マイクロソフトやスターバックスが育った町で、申し分なかった。

ライバルの無知は絶好のチャンス

当時、シリコンバレーで生まれる企業の寿命は2〜5年、まっとうできるのは5%とされており、アマゾンも同類に見られていた。

実際、ベゾスが全米書籍販売業者協会主催の書籍販売入門講座を受講した時、「インターネットの本屋を始めるつもりです」と挨拶すると、会場の半分は戸惑い、半分は「はいはい、コンピュータオタクさん、ご勝手に」という反応だったという。

しかし、それはチャンスでもあった。大手取次会社イングラムの会長さえ「95年まで、私はインターネットが何たるかを知らなかった」と言っているほど業界が無関心だったのだ。ライバルが参入してくる頃には、彼らより何倍も大きくなっていることが、イノベーションを起こすベゾスの戦略だった。

第5話 2nd

拙速は避け、顧客のために完璧主義を貫く。

ベータテストを活用する

ベゾスの速く大きくなる戦略は、決して拙《せっ》速《そく》ではない。準備は慎重に進められた。

比較的少人数で簡単にスタートできるインターネットの世界では、多少の欠陥があっても見切り発車し、問題は後で修正することが少なくない。だが、使いにくさや不具合があると、あっという間に信頼を失ってしまう。

だから、ベゾスは急いではいたが、完璧主義ともいえるこだわりでシステムを築いた。先行するブックス・ドット・コムよりうまくやるだけでなく、まったくレベルの違うビジネスモデルを求めたのだ。

その象徴が、95年から数百人の協力を得て行ったベータテスト（正式発表前の製品を試

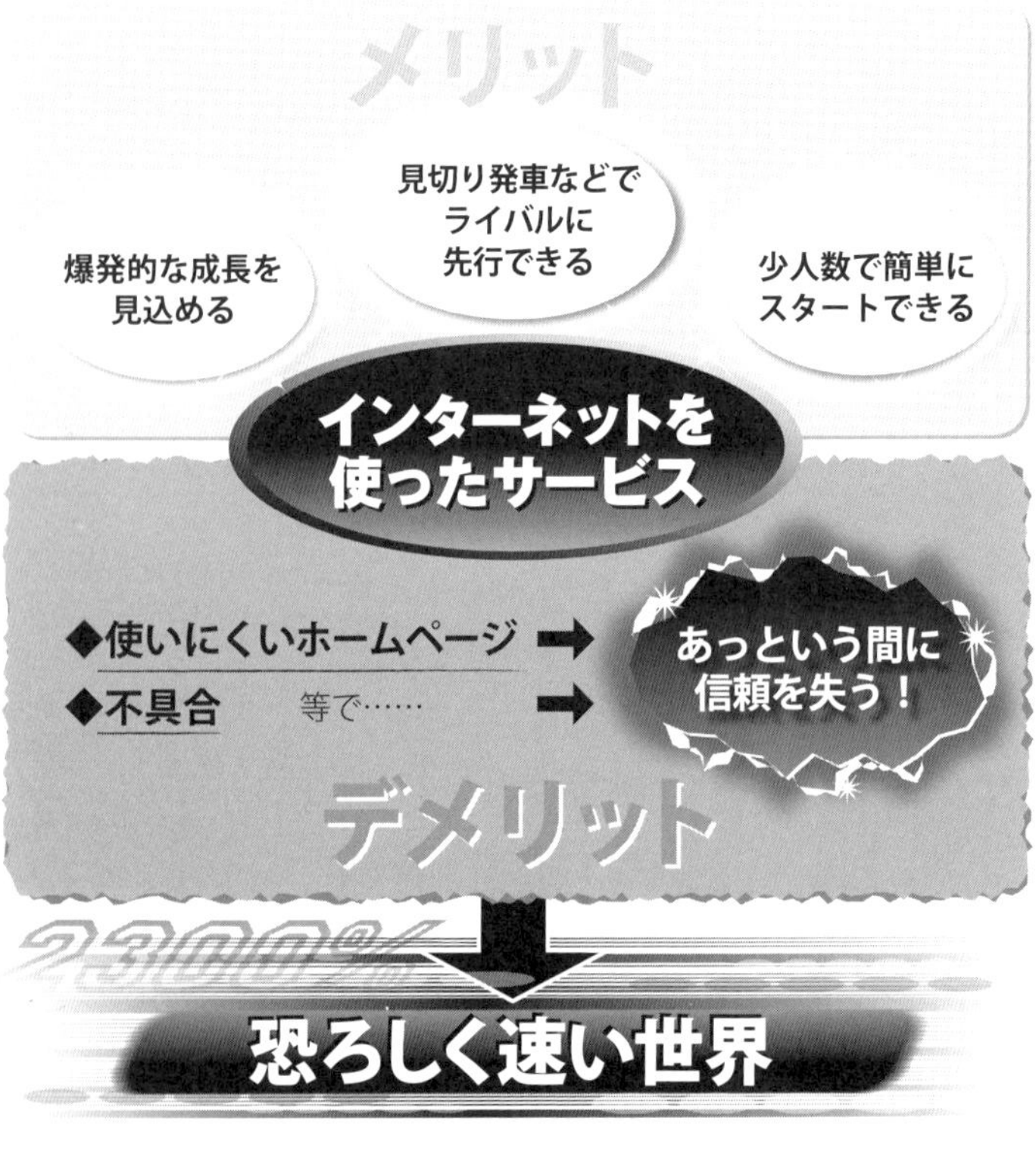
メリット
見切り発車などでライバルに先行できる
爆発的な成長を見込める
少人数で簡単にスタートできる
インターネットを使ったサービス
◆使いにくいホームページ
◆不具合　等で……
あっという間に信頼を失う！
デメリット
恐ろしく速い世界

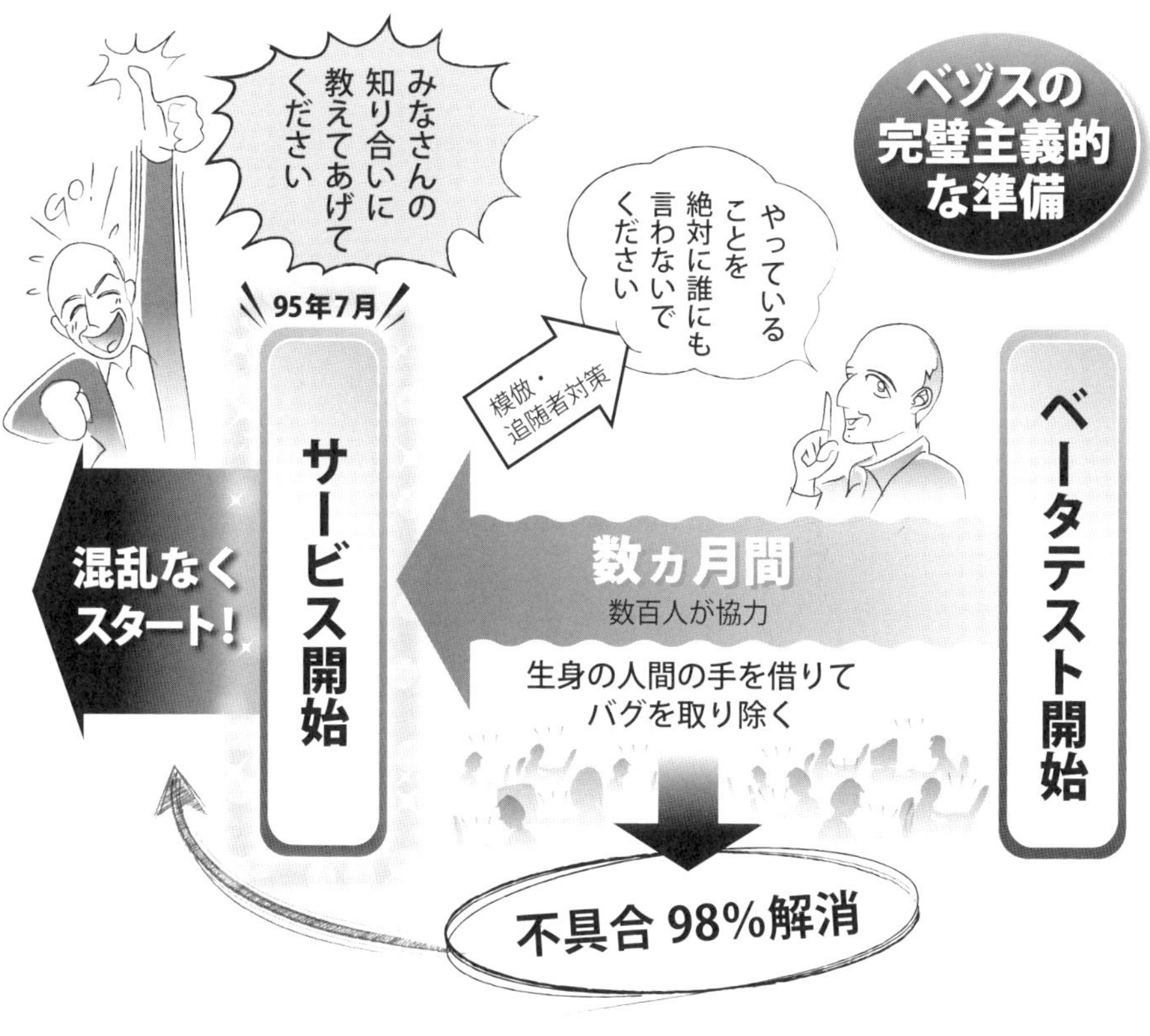
ベゾスの完璧主義的な準備
ベータテスト開始
やっていることを絶対に誰にも言わないでください
模倣・追随者対策
数ヵ月間
数百人が協力
生身の人間の手を借りてバグを取り除く
不具合98%解消
サービス開始
95年7月
みなさんの知り合いに教えてあげてください
GO!
混乱なくスタート！

してもらうこと）だった。

スピードと完璧は両立できる

テストに先立って、ベゾスは参加者に「やっていることを絶対に誰にも言わないでください」とお願いした。新しいシステムの内容が知れ渡ってしまえば、すぐに模倣者や追随者が出る。ベータテストをやっている間に、誰かが同じサービスを始める可能性だってあるのだ。ベゾスはそれを防ぎつつ、数ヵ月かけて、生身の人間の手を借りてバグ（不具合）を取り除いた。

そのかいあって不具合は98%解消され、アマゾンは95年7月、サービスが正式に始まった。混乱なくスタートできると、ベゾスは一転して、テストの参加者に「みなさんの知り合いにこのことを教えてあげてください」というメールを送ったという。

「急げ」「しかし中途半端な製品は命取りになる」。この両方をベゾスは解決できたのだ。

第6話 2nd

計画は顧客に合わせて常に更新する。

ユーザーが計画を追い抜く

どんなに調査し、テストを行っても、現実と計画にはズレが生じる。アマゾンもそうだった。ただし、ズレはうれしい誤算だった。

当初、ベゾスはアマゾンが最初から順調にいくとは期待していなかった。ユーザーは、インターネットで本を買うという行動に慣れていない。簡単には飛びつかないから、お金をかけてサイトを改善し、時間をかけてユーザーを「教育」しようと考えていた。

だが、その予想を上回り、最初の1週間の売上は1万2438ドルに達した。スタッフは注文が入るたびに「この人知ってる?」「知り合いじゃないけど、君は?」と確認し、身内以外から注文が来ていると喜んだという。

ベゾスの予想
消費者がインターネットで本を買うという行動
book
慣れるまでには、ひどく長い時間がかかるだろう
時間をかけてユーザーを「教育」しよう
実際
そもそもインターネットを使っている時点で新しいもの好き
book
インターネットの中は新しいことを試してみようという冒険心のある人間だらけだった！
サービス開始1ヵ月で、発送先はアメリカ全州はもちろん、世界45ヵ国にまで広がる
うれしい誤算……

やりたいことは次々と出てくる

ベゾスは、当時のネット利用者が、何でも新しいものを試そうという冒険心のある人間ばかりだということを見落としていたのだ。

ベゾスは2つの事業計画を作成していた。①緩やかな成長。97年の売上高1152万ドル、②急速な成長。97年の売上高1775万ドル。しかし、実際には97年第1四半期の売上だけで1600万ドルに達した。サイトの1日平均訪問者数も、創業時の2200人から97年には8万人になって、当初の事業計画では対応できなくなった。

ベゾスは、これは数億ドルの事業ではなく、数十億ドル規模の事業となると確信し、本以外の多くの製品の販売を考えるようになった。「進んでいくと、新たにやるべきことが次から次へと出てくる。過去に立てた計画に奴隷のように従うなんて実に馬鹿げたことだ」と言っている。

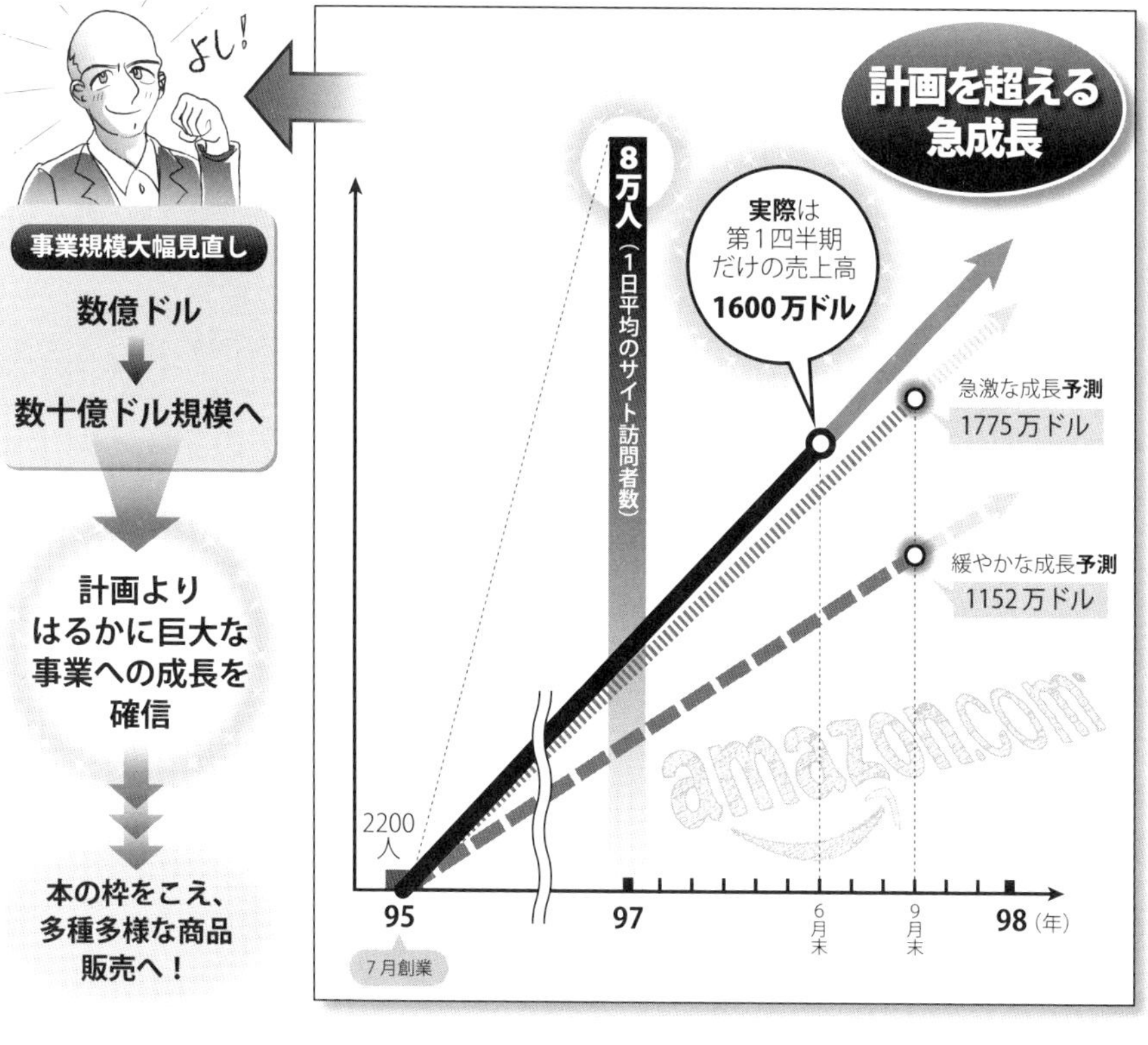
よし！
事業規模大幅見直し
数億ドル
数十億ドル規模へ
計画より はるかに巨大な 事業への成長を 確信
本の枠をこえ、多種多様な商品 販売へ！
計画を超える急成長
8万人（1日平均のサイト訪問者数）
実際は 第1四半期 だけの売上高 1600万ドル
急激な成長予測
1775万ドル
緩やかな成長予測
1152万ドル
2200人
95
97
6月末
9月末
98（年）
7月創業
amazon.com

第7話 2nd

サービスにやりすぎはない。あらゆる経営資源を顧客に。

書籍販売についての入門講座
「講師リチャード・ハワースのお話」
リチャード、ちょっと頼むよ〜
お客様、私の植木鉢の土で車が汚れたって怒っちゃって。私じゃどうにも収められないんだよ……ひとつお願いできないかな
あちゃ〜こりゃ怒るわ〜
今朝、洗車したばかりなんだぞ！
仕方ないなー。わかりました！
お客様！大変失礼いたしました！少しだけお時間をください！お願いします！
ペコッ
シャー
サッサッ
キュッ
サッサッ
キュッキュッ

顧客は顧客を連れて来る

ベゾスは書籍販売入門講座を受講した時、ある貴重な教訓を学んでいる。講師の1人リチャード・ハワースが披露した経験談だ。

ある日、書店の店長がハワースに「怒ったお客様がいて、私ではどうにもならない」と告げた。お客様に事情を聞くと「店の隣に駐車していたら、店の2階の植木鉢から泥が落ちて車が汚れた」という。

朝、洗車したばかりだというその車はとても汚かったが、ハワースは高級車を洗うような丁寧さで洗車した。お客様は礼を言って帰った後、午後に来店し、たくさんの本を買ってくれたという。さらに友人たちに店の話を広め、おかげで評判も上がったというのだ。

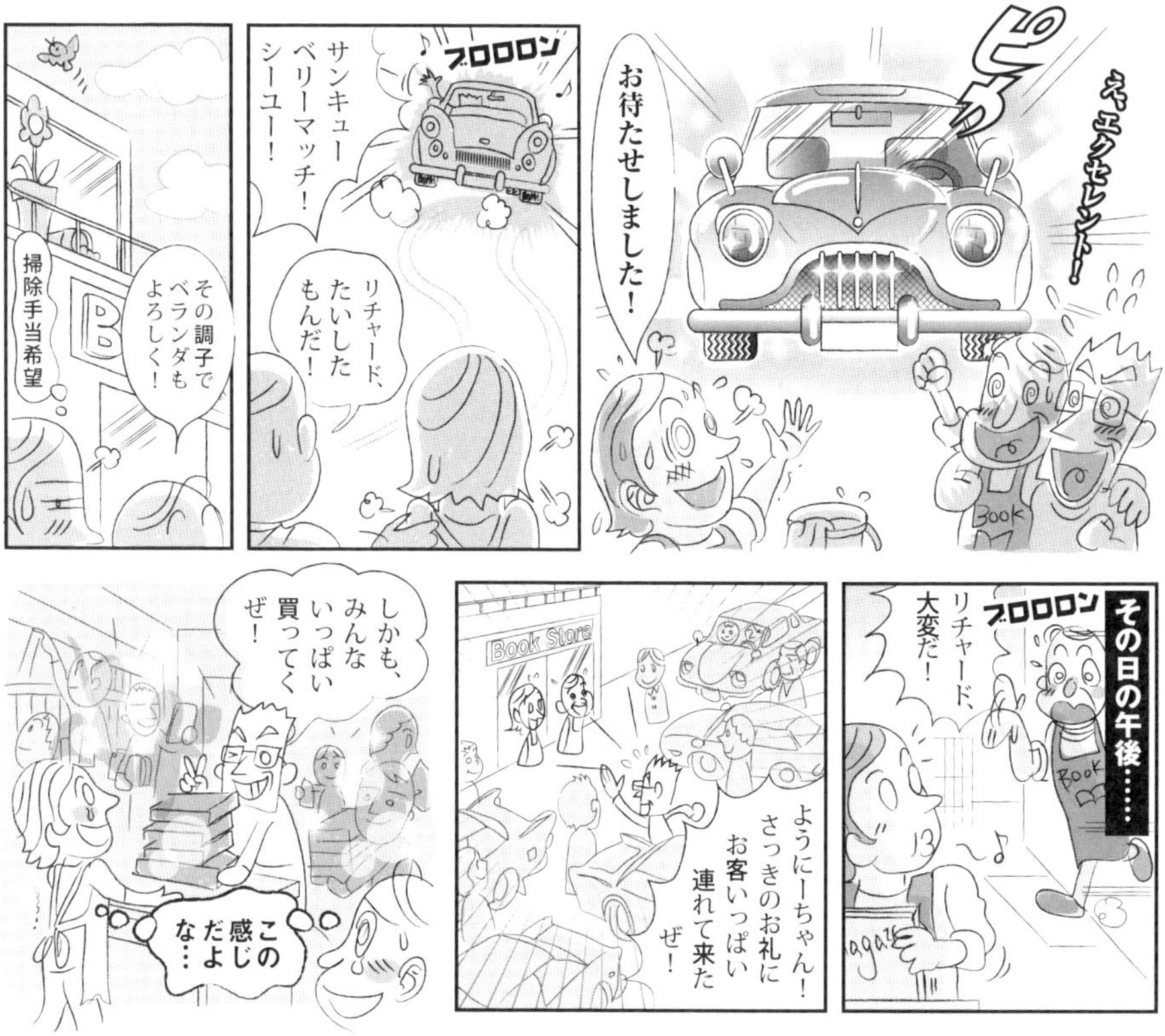

オフィスにお金をかけない

話を聞いたベゾスは「カスタマーサービスでやりすぎるということはない」と考えた。そして、「地球最大のカスタマー中心の会社」「顧客は常に正しい」をスローガンに、アマゾンを、他のサイトでは体験できない買い物ができる場所にする決意を固めた。物理的に不可能なこと以外、顧客の要求にすべて応えられるようにサイトを改善していったのだ。

アマゾンの成長には多額の資金が必要だったが、その多くを顧客サービスに使い、自分は倹約に努めた。事務机さえベゾス自身が手づくりした。中古家具を買っても経費は大差なかっただろうが、オフィスにムダなお金をかけないということを象徴する行為だった。

企業にとって真の財産は顧客だ。顧客の企業に対するロイヤリティ（信頼性）こそが企業価値を高める。ベゾスは顧客中心主義でイノベーションを起こそうとしていた。

ユーザーとの直接の接点「物流」に手を抜かない。

スタート時のうれしい誤算のため……
最初の１週間の売上
1万2438ドル
発送できたのは
たった846ドル分
発送できて当たり前
信頼を失う部分
梱包専門のスタッフを
集めることに
頭が回っていなかった
ベゾスをはじめ社員全員で
朝から晩まで仕分けや梱包の作業！

「もの」は待ってくれない

ベゾスは社員に「一生懸命働いて、楽しんで、歴史を創ろう」と言う。プリンストン大学の後輩たちにも「自分の決定とハードワークに誇りを持ちなさい」というメッセージを送っている。イノベーションは楽ではない。懸命なハードワークが必要なのだ。

サービスを開始したアマゾンには順調に注文が入ったが、本の発送は順調ではなかった。最初の1週間の売上1万2438ドルに対して、発送できたのは846ドルにすぎなかった。梱包《こんぽう》資材集めに夢中で、梱包スタッフを集めることに頭が回っていなかったらしい。

当然、ベゾスをはじめ社員全員でやる他はない。毎日朝から晩まで梱包した。作業台も

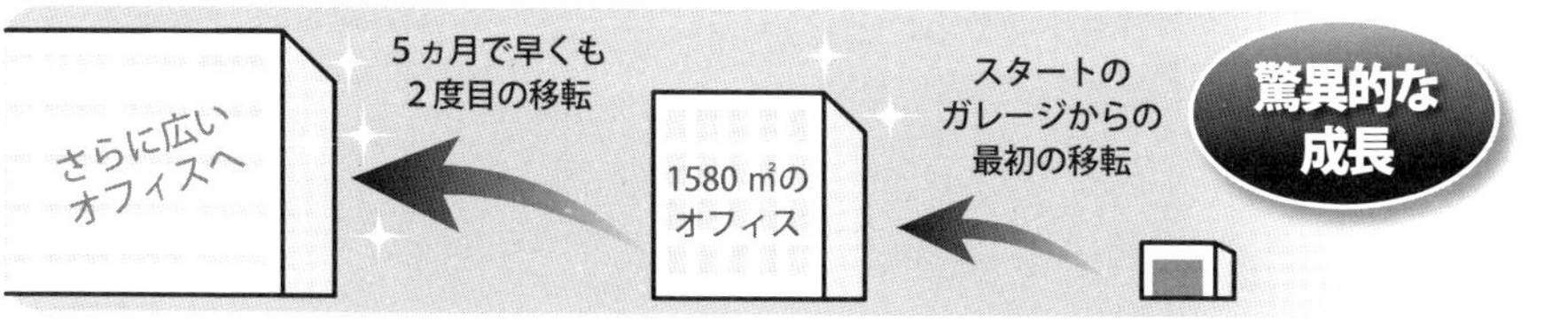

なかったため両手両膝を床につけ、みんな腰や膝を痛めた。ほどなく作業台を導入したが、全員参加のハードワークは変わらなかった。

倉庫の大切さを見逃すな

やがて急成長にオフィスの広さが追いつかなくなり、ガレージから1580㎡のビルのオフィスに移転する。しかし、そこも手狭になり、96年には2度目の移転を行った。

そんなふうに会社が急成長しても、ベゾスや管理職は定期的に倉庫に足を運び、仕分けや梱包の作業を行った。顧客に本を届ける倉庫部門が顧客重視に徹しなければ、アマゾンは信頼を失うという思いからだ。

「顧客がアマゾンを知る数少ない接点は、ウェブサイトと郵送で受け取る本だけだ」とベゾスは言っている。

アマゾンのイノベーションは、使いやすいサイトに加え、本の仕分けや梱包に懸命に取り組むことでもたらされている。

競争相手よりも顧客満足に注意を払う。

顧客から目を離さない

「私たちが注意を払う相手は顧客であって、競争相手ではありません」とベゾスは言う。

アメリカにはバーンズ＆ノーブルとボーダーズ・グループという2大書店チェーンがあって、激しい競争をしていた。両チェーンの関心はライバルの動向にのみ向けられ、インターネットへは注意を払わなかった。

アマゾンの初期の成功は、こうしたライバル企業の無関心に助けられた面も大きい。

だが、ライバルがアマゾンの成功をいつまでも放っておくはずはなかった。97年、バーンズ＆ノーブルはネットサイト計画を発表する。マイクロソフトや、ネットサービス会社ＡＯＬと提携、価格競争にも出る。同時にア

●アメリカにもともとあった2大書店チェーン

ヌヌ〜…
バチ
バチ
インターネットになんて、かまってる暇はない！
バーンズ＆ノーブル
ボーダーズ・グループ
互いをライバルと見て激しい競争
インターネットに関心なし！
ドン
そうですか……
じゃあ遠慮なく……
顧客
私たちが注意を払う相手は顧客であって、競争相手ではありません

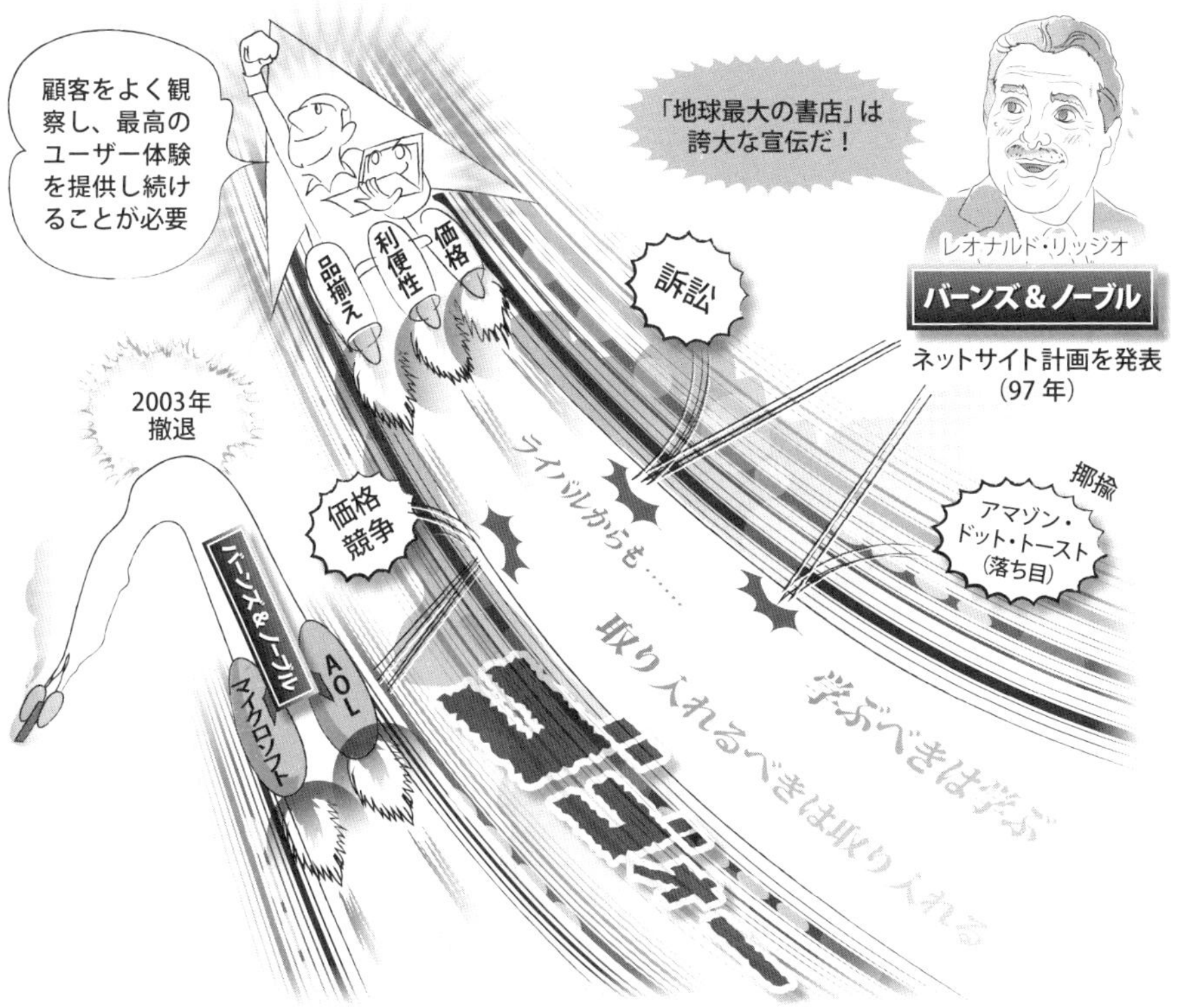

マゾンのうたい文句「地球最大の書店」が誇大な宣伝だと、訴訟に打って出た。

顧客のお金と時間を節約する

周囲はバーンズ＆ノーブルの勝利を予想して「アマゾン・ドット・トースト（落ち目）」と揶揄《やゆ》する声もあった。

しかし、ベゾスはそんな声は意に介さず、ライバルから学ぶべきは学び、取り入れるべきは取り入れる一方で、顧客をよく観察し、最高のユーザー体験を提供し続けることに全力を傾けた。バーンズ＆ノーブルのネットサイトが優れた能力を築くまでに、アマゾンが世界一流のブランドを確立できるか。結局アマゾンが勝ち、バーンズ＆ノーブルは2003年、ネットからの撤退を発表する。

ライバルがサイトをきれいに飾り立てたのに対し、ベゾスは顧客の最も貴重な資源であるお金と時間を節約できるサイトをつくろうとした。そこが勝負の大きな分かれ目だった。

第10話 2nd

顧客を「ファン」にする。ファンは顧客をつくってくれる。

「マーケティングの神様」
フィリップ・コトラー
口コミの効果
Philip Kotler
製品やサービスを使って
満足した顧客
不満を持った顧客
3人に勧める
11人に不満をもらす
今のネット時代、この数は圧倒的に増えている！
ベゾスは創業時にこのことを体感

ネット口コミを味方につける

「マーケティングの神様」フィリップ・コトラーは、口コミの効果を「満足した顧客は平均3人に話すが、不満を持った顧客は平均11人に話す」と指摘している。

インターネットになると、この数は圧倒的に増える。ベゾスはネット口コミの恐ろしさを「ネット上で期待に背けば、顧客は5000人、もしかすると5万人に不満を広める」と話している。

ベゾスが口コミの威力を体感したのはアマゾン創業時のことだ。

サービス開始から3日目に、ヤフーから、アクセス数が非常に多いリスト「ファッツ・クール」にアマゾンを無料で掲載したいとオ

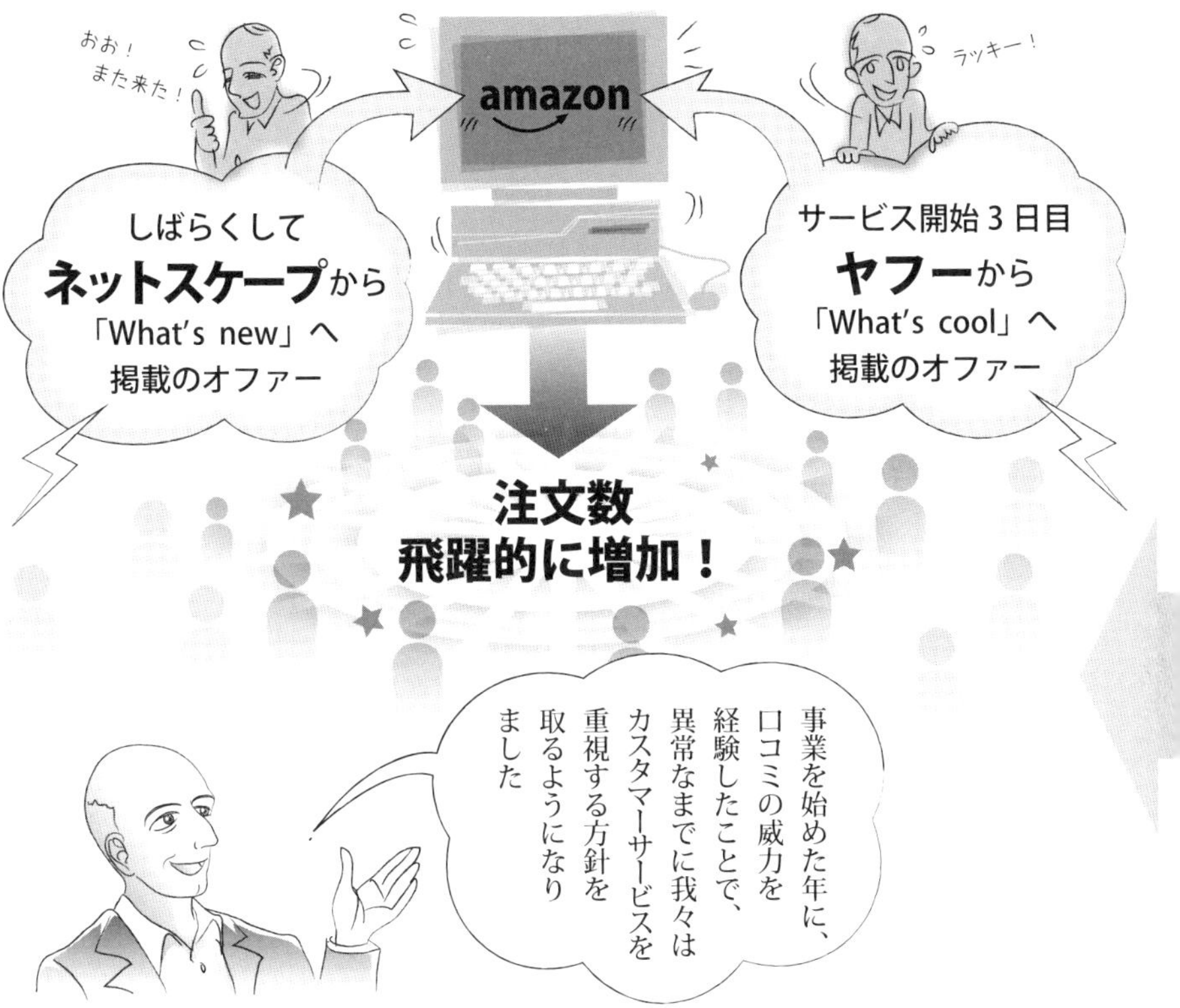
おお！
また来た！
しばらくして
ネットスケープから
「What's new」へ
掲載のオファー
amazon
ラッキー！
サービス開始3日目
ヤフーから
「What's cool」へ
掲載のオファー
注文数
飛躍的に増加！
事業を始めた年に、
口コミの威力を
経験したことで、
異常なまでに我々は
カスタマーサービスを
重視する方針を
取るようになり
ました

ファーが来た。ベゾスはすぐにＯＫ。ほどなくネットスケープからもリスト「ファッツ・ニュー」でアマゾン紹介の依頼があり、もちろん快諾。この両方の威力で、注文数が飛躍的に増えたのである。

イノベーションで顧客をファンに変える

知名度も宣伝費もなかったアマゾンにとって、こうしたネット上の口コミ効果はきわめて大きかった。

ベゾスはこう言っている。「事業を始めた年に、口コミの威力を経験したことで、異常なまでに我々はカスタマーサービスを重視する方針を取るようになった」と。

好意的な口コミは、どんな有料広告よりも効果を発揮する。口コミを味方につけるには、ユーザーに「ファン」となってもらうことだ。そのためには最高の「ユーザー体験」をしてもらい続ける必要がある。つまりイノベーションはユーザーのために行うのである。

第11話 2nd Innovation

短期利益は思い切って無視。イノベーションは成長優先。

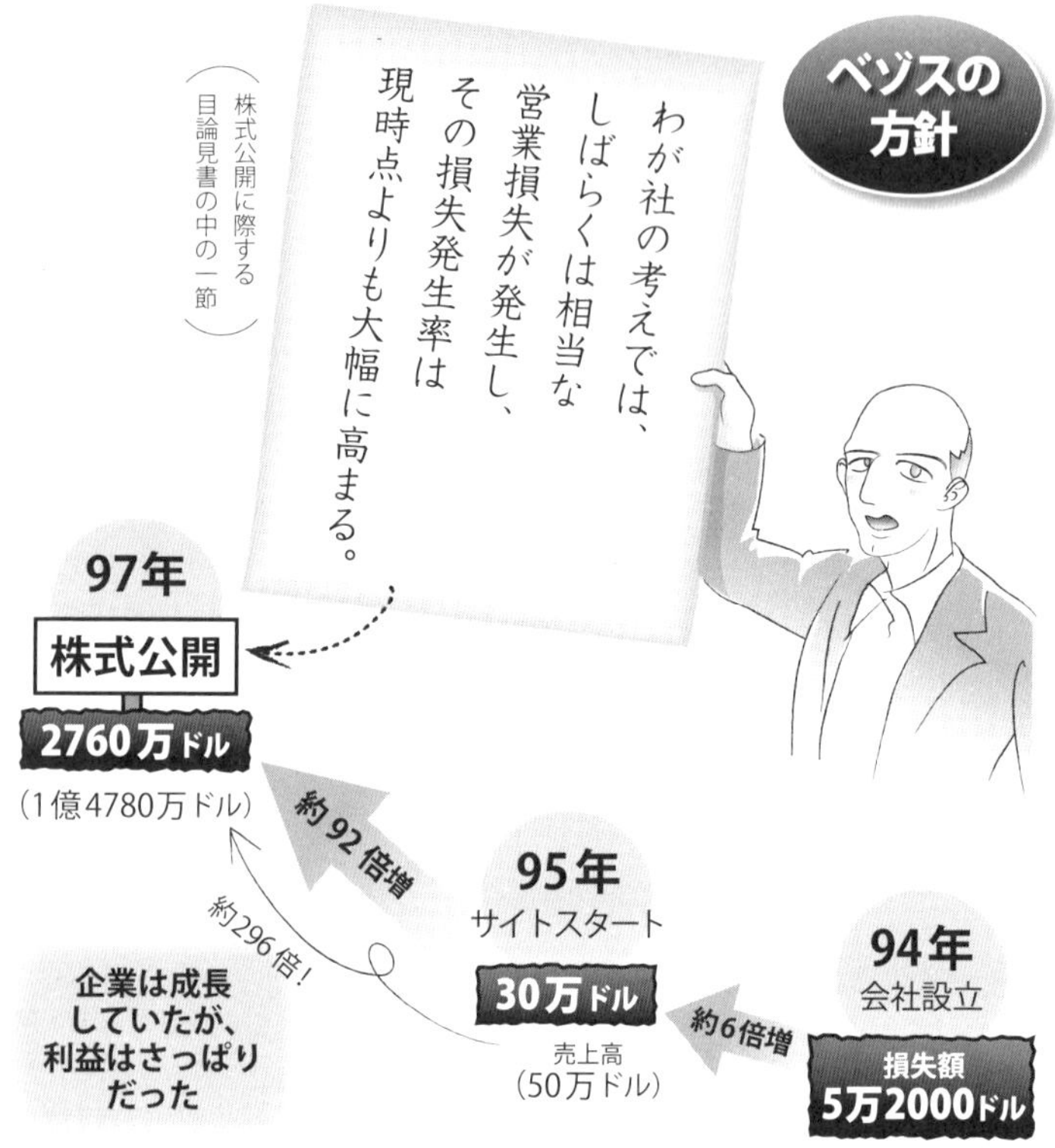
ベゾスの方針
わが社の考えでは、しばらくは相当な営業損失が発生し、その損失発生率は現時点よりも大幅に高まる。
（株式公開に際する目論見書の中の一節）
97年
株式公開
2760万ドル
（1億4780万ドル）
約92倍増
約296倍！
95年
サイトスタート
30万ドル
売上高
（50万ドル）
約6倍増
94年
会社設立
損失額
5万2000ドル
企業は成長していたが、利益はさっぱりだった

初期は損失だらけだったアマゾン

アマゾンは97年に株式を公開している。そのスピードから、よほど儲けていると誤解されるが、実際には損失だらけだった。

94年の設立から年末までに5万2000ドルの損失。95年に損失は30万ドルに膨らむ。97年末も、売上は1億4780万ドルだが、損失も2760万ドル。企業は成長していたが、利益はさっぱりだったのだ。

だが、ベゾスは、たとえ利益が出てもサイトの改善に注ぎ込もうと考えていた。

95年にベゾスは約100万ドルの資金調達を行っているが、投資した人たちに「資金が戻ることはないですよ」と伝えていた。

株式公開に際して提出する目論見書《もくろみしょ》には、

さらに露骨に「わが社の考えでは、しばらくは相当な営業損失が発生し、その損失発生率は現時点よりも大幅に高まる」と書いた。短期的利益の追求など無視すると言ったのだ。

将来に対して投資する

多大な損失が出ても、コストがかかっても、会社を大きくして市場を支配する。そうすればいつかは利益を上げられるとベゾスは考える。普通の経営者なら利益無視などできないが、ベゾスは平気で「私たちは他とは違う凄いことをしようとしている。将来に対して投資しているのだ」と明言している。

その言葉通り、ベゾスはビジネスを本だけから多種多様な製品へと広げ、電子書籍のリーダー端末「キンドル」まで販売している。

利益を出せ、株主に配当したらどうだという声に耳を貸すことなく、ベゾスははるか先を見ているようだ。そして、長期的な視点はイノベーションに必須のものである。

アマゾン本社
会社を大きくすることで市場を支配する
利益
出ても、サイトの改善に注ぎ込む
「私たちは他とは違う凄いことをしようとしている」
本だけでなく多種多様な製品へと範囲を広げる
電子書籍のリーダー端末「キンドル」開発
事業を拡大させ続ける！

第12話 ブランド化を進めて顧客の認知度を高める。

価値あるブランドは1分野3つまで

品質に差がなくなることをコモディティ化という。コモディティ化すると価格以外で勝負をするのが難しくなり、不毛な安売り競争に陥る。それを防ぐにはブランドを築くことだ。コカ・コーラやマクドナルド、スターバックス、アップルといったようなブランドを確立すれば、多少価格が高くても売れる。

本はコモディティ製品の典型といえる。どこの書店で買っても内容は同じだ。ネット販売が増えれば価格比較ができるようになり、出口のない価格競争になるだろう。そんな世界でアマゾンが巨大化できたのは、ベゾスの巧みなブランド戦略による。

ベゾスは、メーカーはたくさんあるが、価

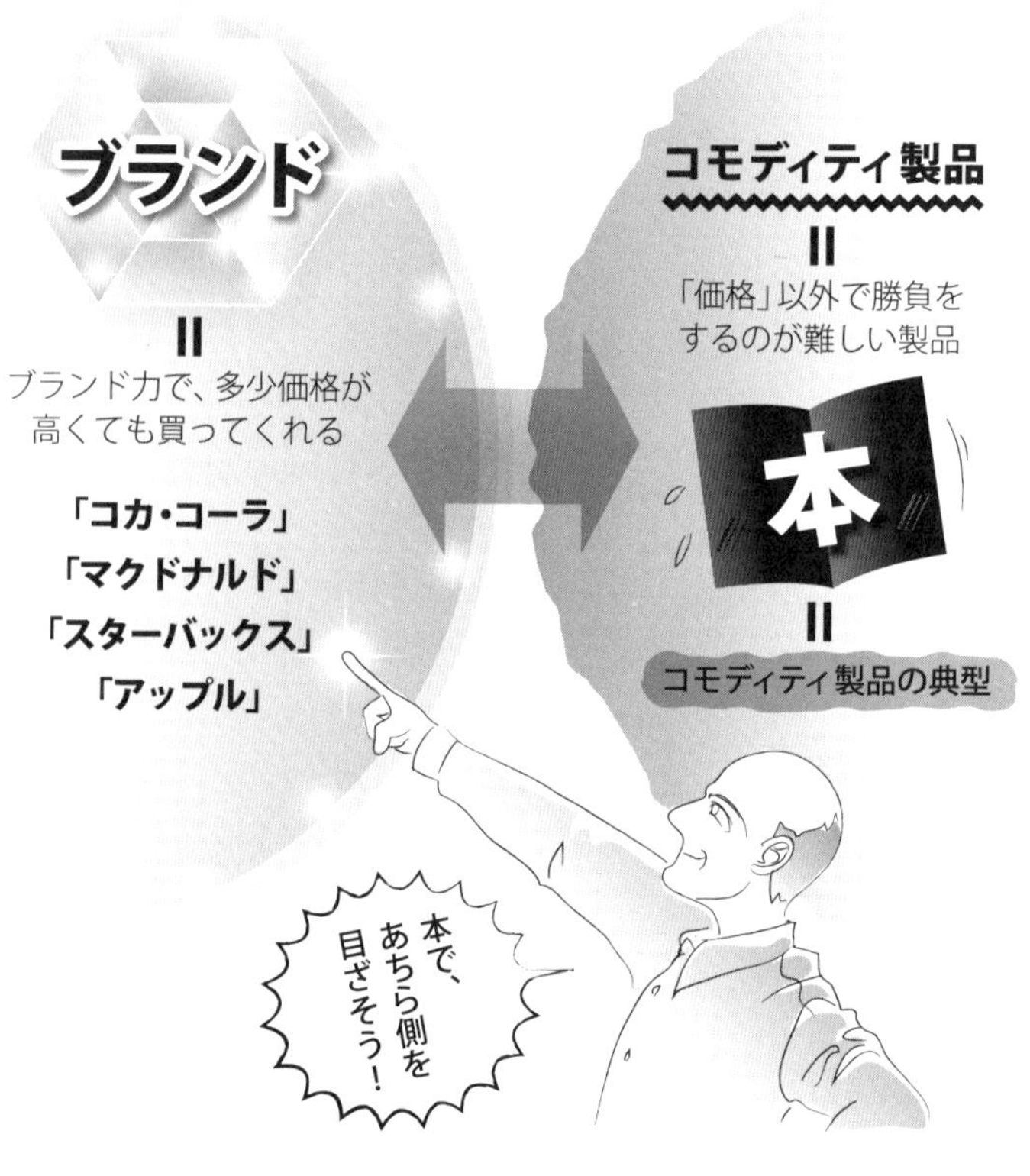

ブランド
=
ブランド力で、多少価格が高くても買ってくれる
「コカ・コーラ」
「マクドナルド」
「スターバックス」
「アップル」
コモディティ製品
=
「価格」以外で勝負をするのが難しい製品
本
=
コモディティ製品の典型
本で、あちら側を目ざそう!

値あるブランドは1分野で3つくらいまでだと考えていた。確かに、パッと思いつくブランドは少なく、そして圧倒的に強いものだ。

なぜアマゾンは倉庫を重視するのか

ベゾスはインターネット販売で圧倒的なブランドを築くために莫大な資金を注ぎ込み、創業4年でアメリカの成人の半数以上が同社を知るほどの認知度を達成した。その結果、98年には年間売上26億ドル、欧米に7500人の社員を抱えるほどに成長した。

ブランドは広告だけでは確立できない。ブランドとユーザーが接するすべての場面で価値が体現されなければならない。ベゾスは、サイトの使いやすさ、本の発送を行う倉庫など物流にこだわり続けた。ユーザーと接するこの部分で期待を裏切れば、アマゾンのブランドは傷つく。「倉庫がなければ会社は存続しない」という言葉に、ベゾスがブランドを築くために何を重視するかが表れている。

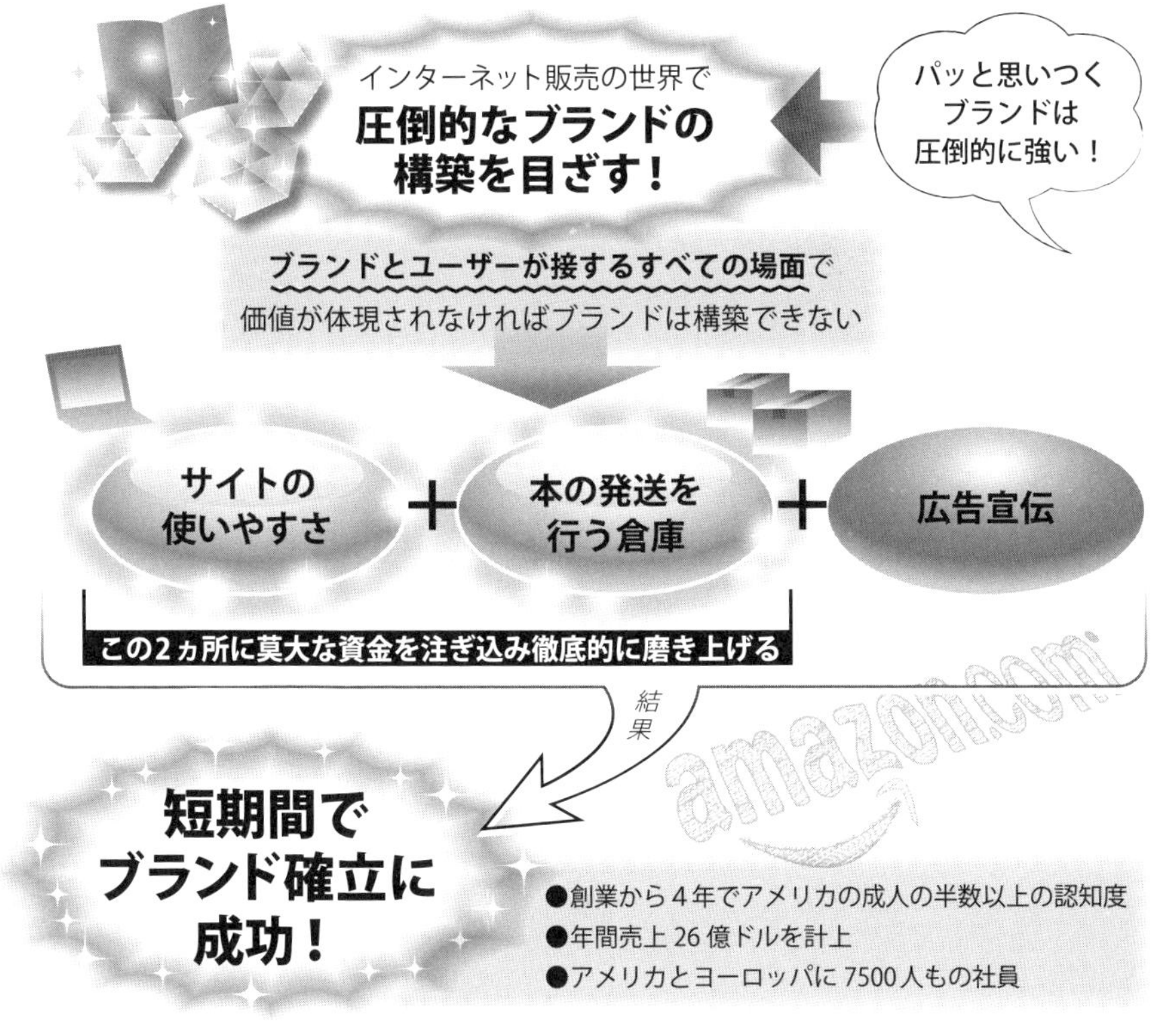
パッと思いつくブランドは圧倒的に強い！
インターネット販売の世界で
圧倒的なブランドの構築を目ざす！
ブランドとユーザーが接するすべての場面で
価値が体現されなければブランドは構築できない
サイトの使いやすさ
＋
本の発送を行う倉庫
＋
広告宣伝
この2ヵ所に莫大な資金を注ぎ込み徹底的に磨き上げる
結果
amazon.com
短期間でブランド確立に成功！
●創業から4年でアメリカの成人の半数以上の認知度
●年間売上26億ドルを計上
●アメリカとヨーロッパに7500人もの社員

第13話 2nd

挑戦第一。行き詰まらずしてイノベーションはない。

ベゾスは、行き詰まらずしてイノベーションはあり得ないことをよく理解していた。

99年の株主総会でも「アマゾンの経営陣が大失敗をしないなら、ホームランを狙ってバットを振っていないわけだ。つまり、株主のためにいい仕事をしていないことになる」と大胆な発言をしている。失敗は事業運営のコストであり、失敗を恐れては成功できないと言ったのだ。

「会社はいつ黒字になるか」と株主に聞かれても「いつか利益を上げることができるでしょう」と、挑戦を優先すると明言している。

ベゾスは自分と家族の資産を注ぎ込んでも、あと4～5日で破産という状況に追い込まれた経験もある。それでも次々と新規事業に手を出し続けた。理由をこう語っている。

「失敗はイノベーションと発明の本質的な部分。イノベーションでは、袋小路にはまることは避けて通れない。袋小路を歩いていると、大きな広い道に出ることがある。だから、どんな袋小路にも、はまる価値がある」

ベゾス自身、無類の実験好きで、社員に袋小路に入る経験をしろとけしかけている。よけいなことに首を突っ込め、と言う。「制度化されたノー」ではなく、「制度化されたイエス」を求める。

さらに、挑戦すべきか迷ったら「かまうもんか」と自分に言い聞かせろと説き、難問にぶつかったら「必ず方法を考え出すぞ」と意欲をかき立てるように伝えている。そして「もしそれがうまくいくと知っているのなら、それは試みではない」とも言っている。

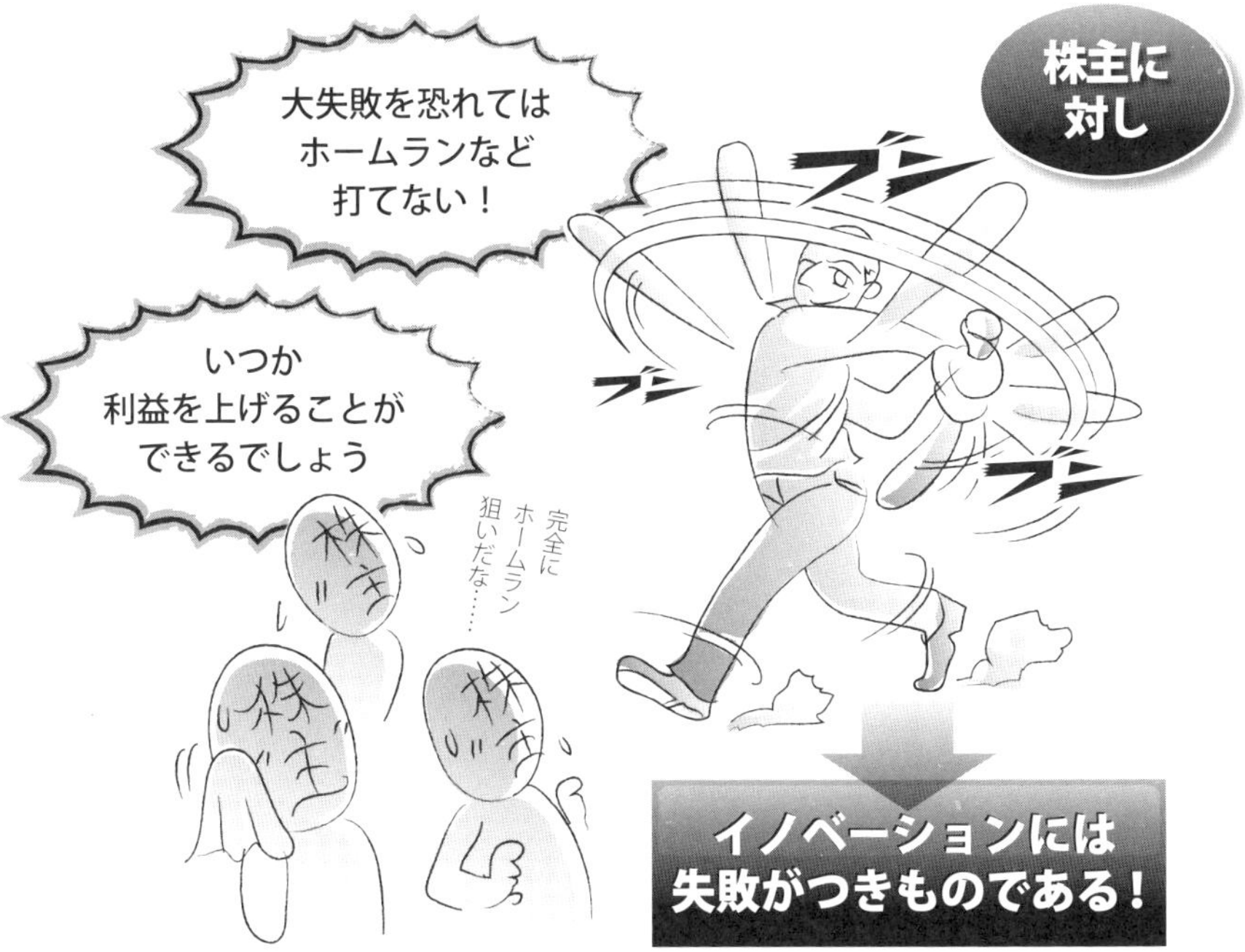
株主に
対し
大失敗を恐れては
ホームランなど
打てない！
ブン
ブン
ブン
いつか
利益を上げることが
できるでしょう
完全に
ホームラン
狙いだな……
株主
株主
株主
イノベーションには
失敗がつきものである！

よけいなことに
首を突っ込め！
「制度化された
イエス」だ！
たくさん
実験しろ！
社員に
対し
袋小路にはまる
経験をしろ！
新しいことに挑戦
すべきか迷ったら、
「かまうもんか」と
自分に言い聞かせろ！
難問にぶつかったら、
「必ず方法を考え出すぞ」
と意欲をかき立てろ！
常に果敢に挑戦する文化を
アマゾンに植え付ける
ベゾスの努力！

第14話 2nd

優秀な人材だけを集め、少人数のチームで動かす。

採用するのは最高の人材だけ

アップルのジョブズは「Aクラスの人材」の採用がCEOの役目だと言った。グーグルのラリー・ペイジも「生態系からすべての酸素（人材）を奪おうとしている」と言われるほど人材採用に血道をあげていた。フェイスブックのマーク・ザッカーバーグも「グーグルなんか行くな。フェイスブックへ来いよ」という看板を大学に掲げたりしている。

テクノロジー企業の経営者の多くが、優れた人材だけでチームをつくれば最高の仕事ができるということを信奉しているのだ。

ベゾスも同様だ。アマゾンの創業期から、ある程度の能力がある人材ではなく、最高の人材でなければ採用しないと考えていた。

最高のチームをつくるための人材へのこだわり
Jeff Bezos
Steve Jobs
Mark Zuckerberg
Larry Page
テクノロジー企業の経営者の多くが信奉していること
優れた人材だけでチームをつくれば、最高の仕事ができる

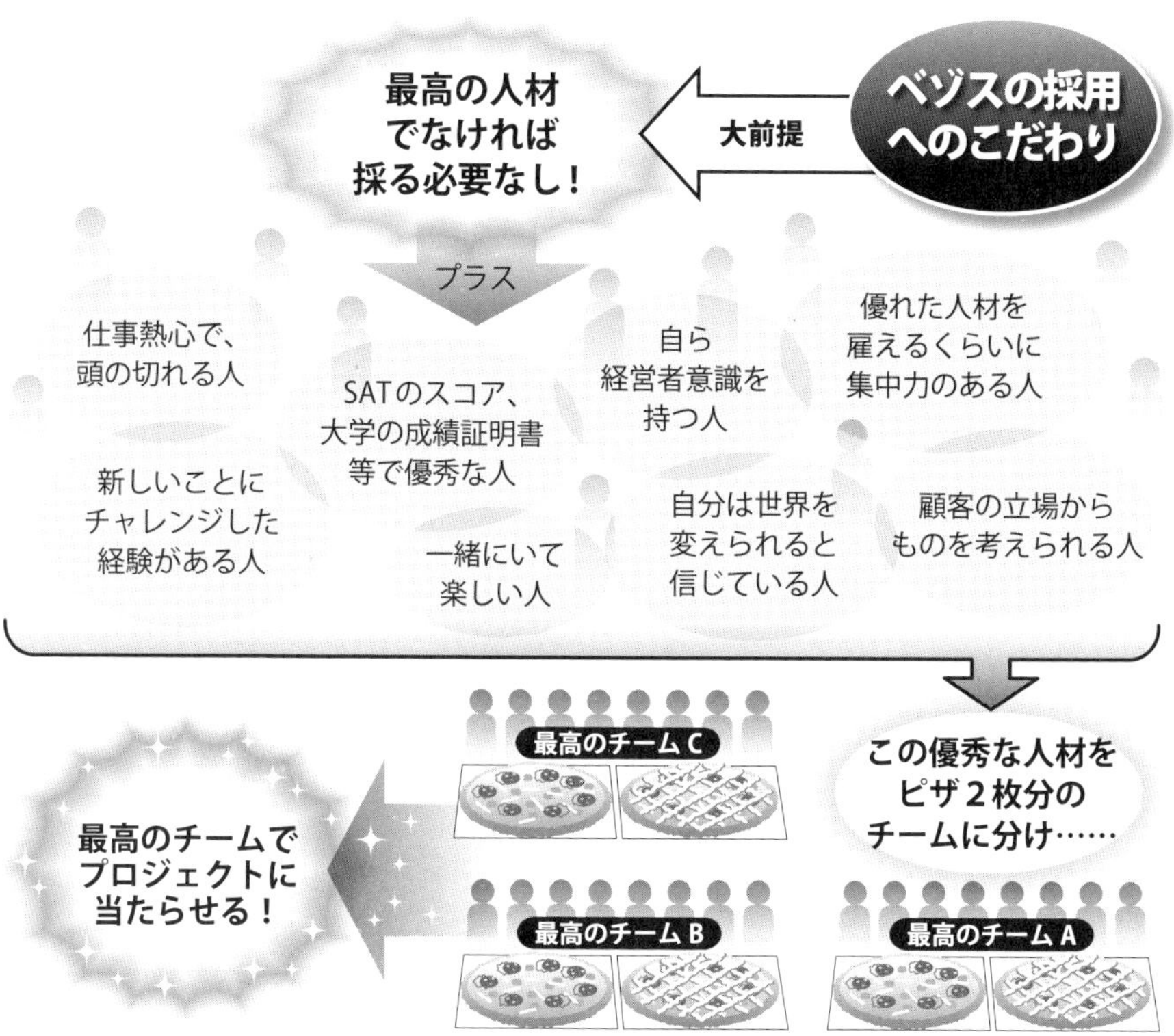
ベゾスの採用へのこだわり
大前提
最高の人材でなければ採る必要なし！
プラス
仕事熱心で、頭の切れる人
SATのスコア、大学の成績証明書等で優秀な人
自ら経営者意識を持つ人
優れた人材を雇えるくらいに集中力のある人
新しいことにチャレンジした経験がある人
一緒にいて楽しい人
自分は世界を変えられると信じている人
顧客の立場からものを考えられる人
この優秀な人材をピザ２枚分のチームに分け……
最高のチーム A
最高のチーム B
最高のチーム C
最高のチームでプロジェクトに当たらせる！

「ピザ2枚分のチーム」の威力

要求は高かった。頭のよさは絶対条件で、SAT《サット》（大学進学適性試験）のスコアと大学の成績証明書が必要だった。それだけでなく、「自らが優れた人材を雇えるほど集中力があり、仕事熱心で、頭の切れる人」「経営者意識を持つ人」「新しいことにチャレンジした経験がある人」「世界を変えられると本気で信じている人」「一緒にいて楽しい人」「顧客の立場からものを考えられる人」などの資質が求められた。

面接では「あなたが発明したものについて教えてほしい」「聴覚障害者用の車をどう設計するか」といった質問も出た。

こうして集めた優秀な人材を少人数で動かす。単位は「ピザ2枚分のチーム」だ。ピザ2枚でお腹《なか》が一杯になる6～10人で最高のチームを組み、プロジェクトに当たらせる。これがアマゾンの成長の原動力となっている。

第15話 2nd

ライバルが真似できないほどイノベーティブな体質になる。

ベゾスはアマゾンに理想的な企業文化を築きたいと考えていた。緊張感にあふれ、かつ居心地がよく、みんなが想像もしていないような新しいことに挑戦し続ける会社だ。

思い描いたのはマイクロソフトやディズニー、世界最大の物流会社フェデックスだ。特にマイクロソフトには憧れたが、「あんなに戦闘的になる必要はない」と冷静だった。

アマゾンが本だけでなく多種多様な商品を販売し始めたのを見て、ベゾスに「ウェブ界のウォルマート（世界最大のスーパーマーケットチェーン）」を目ざすのかと聞く人が多かった。だが、ベゾスは「ウェブ界の誰か」になる気などなかった。想像もつかないような挑戦を続ける企業になればよかった。

「ライバル会社でも、企業文化まで真似ることはできない」と言い、ものの つくり方などシステムは導入できるが、文化はそうはいかないことを知っていた。

技術や資金があれば、アマゾンをそっくり模倣《もほう》できるかもしれない。だが、模倣が完成する頃には、アマゾンはもっと新しい何かを生んでいる。そういう形になれば競争に負けることはない。イノベーションの結果は真似できても、イノベーションを起こす企業文化を真似ることはできないのだ。

ベゾスは一方で、企業文化は起業家が心に描いた通りの姿が30％、初期の社員の質が30％、偶然の作用が40％の混合文化であるとも言う。「偶然の作用で厄介なのは、一度定着したらそれまでということ。根づいた企業文化を変更する術《すべ》はない」とも言っている。

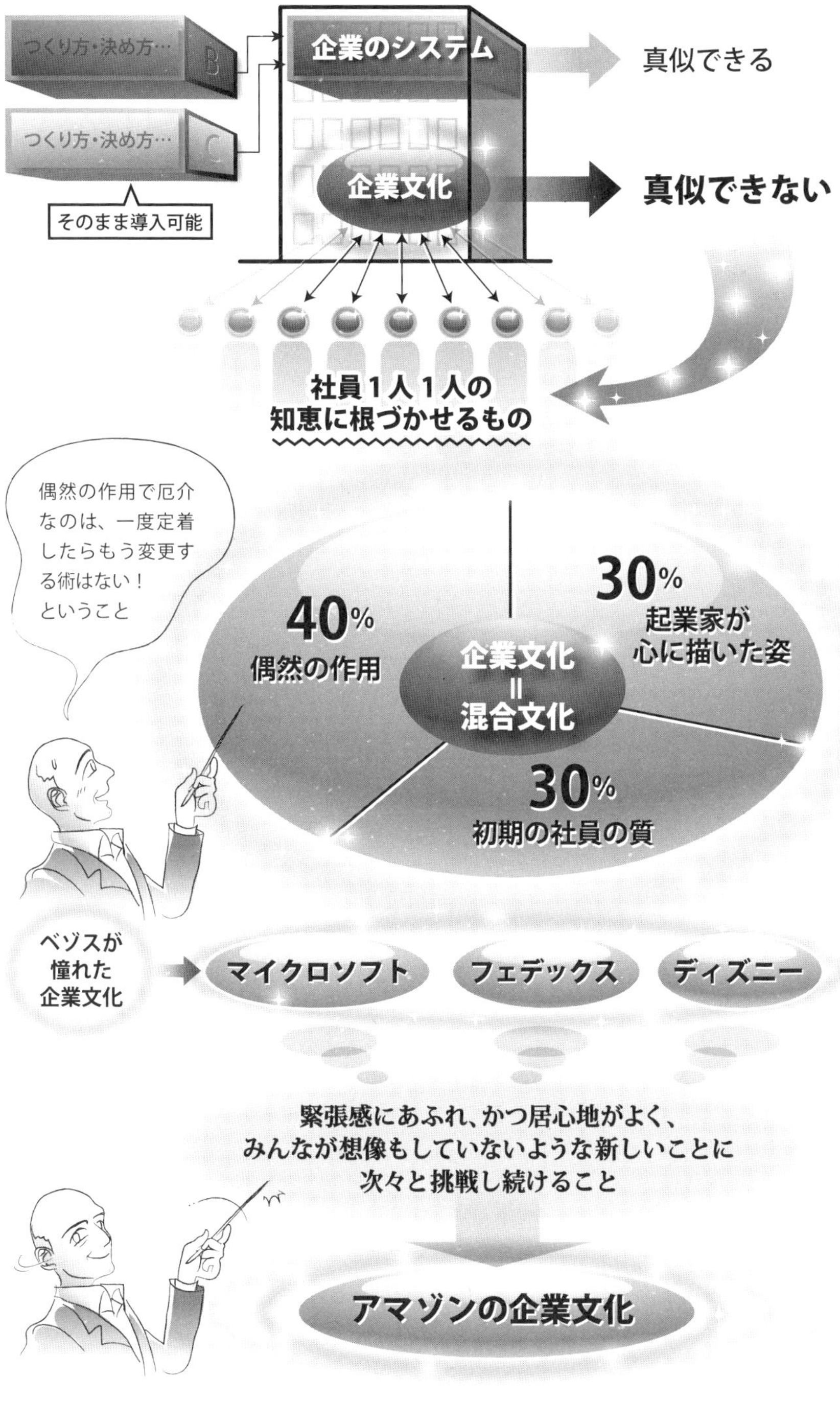
つくり方・決め方… B
つくり方・決め方… C
そのまま導入可能
企業のシステム
真似できる
企業文化
真似できない
社員１人１人の
知恵に根づかせるもの
偶然の作用で厄介なのは、一度定着したらもう変更する術はない！ということ
40% 偶然の作用
30% 起業家が心に描いた姿
30% 初期の社員の質
企業文化 ＝ 混合文化
ベゾスが憧れた企業文化
マイクロソフト
フェデックス
ディズニー
緊張感にあふれ、かつ居心地がよく、
みんなが想像もしていないような新しいことに
次々と挑戦し続けること
アマゾンの企業文化

改善のプリウス

生産方式に革命を起こす

トヨタとイノベーションが何となく結びつかないのは、ソニーの盛田昭夫氏、日清食品の安《あん》藤《どう》百《もも》福《ふく》氏といった象徴的な顔がないからかもしれない。

だが、実際にはトヨタは大変なイノベーション企業である。

その代表の1つが、モノづくりに革命を起こした「トヨタ生産方式」だ。

それ以前に主流だったオートメーションシステムは、限られたモノを大量生産するのには適していた。だが、顧客のニーズに合わせた多様な製品を少しずつつくろうとするとムダだらけになる欠陥があった。

この問題を解決したのがトヨタ生産方式だ。

①ジャスト・イン・タイム

「必要なモノを、必要な時に、必要なだけ」というつくり方である。顧客が必要とする時に、必要なモノを必要なだけ生産して届けることができればムダがなく、つくり手にも買い手にも最もいい。

②知恵による改善

今やKAIZENは世界語になっているが、その特長は現場で働く社員1人1人の気づきや知恵を生かしてつくり方などを向上させていくところにある。

①や②に代表されるトヨタ生産方式はメーカーだけでなく、アップルやアマゾンでも用いられるほど大きなイノベーションを起こしている。

いい製品を売れる価格で

トヨタのもう1つのイノベーションは「プリウス」だ。

「このままでトヨタは21世紀に生き残れるのか」という強い危機感から開発がスタートしている。開発キーワードは環境。単にトヨタ1社のためだけではなく、自動車業界のためにという思いが込められている。

革新的な車だったから高く売ることもできた。だが、トヨタは「買いやすい価格」にこだわった。そのため発売当初は赤字だったが、環境意識の高まりもあって販売台数は徐々に伸び、トヨタを販売台数世界一に導いたばかりか、世界の車の流れをも変えることになった。

第3章

[グーグル]

ラリー・ペイジの組織型イノベーション

――要は「アイデア」だ

Google

第1話 3rd

発想だけではダメ。発想の製品化がイノベーション。

グーグル創業者ラリー・ペイジの父親は、ミシガン州立大学のコンピュータ科学教授。母親も修士号を持つ。学者の家に育ったペイジは、小学校1年からコンピュータを使いこなす少年だったが、12歳の時、ニコラ・テスラの伝記に強い衝撃を受けた。

テスラはエジソンと並ぶ偉大な発明家で、交流電流や蛍光灯など数々の業績を残している。だが、エジソンが発明をビジネスにつなげてGEの基礎を築いたのに対し、テスラはつらい極貧の生涯を送った。

ペイジはそれを悲しみ、単に発明をしただけでは何にもならないと思った。素晴らしいアイデアや発明だけではダメだ。それを形にし、世に送り出し、人々に使ってもらう。そして社会に影響を与える。世の中を変えていくことこそ重要だと考えるようになった。

「自分は発明をしたい、世界を変えたいのだということに気づいた。たぶん僕は12歳の時には、いずれ会社をつくると決めていたんだ」と言っている。

実際、グーグルは「我々の目標は世界を変えることだ」と言い続けている。よりよい世界をつくることが使命だと信じている。

多くの人は、現状を変えたくても変えられないものだと思っている。だが、イノベーターは現状を自分の手で変えられると本気で信じている。

変化への道を見つけたいという強烈な意志があり、その実現のために会社をつくり、手段としてお金も儲ける。グーグル革命の原点は、こうしたペイジの情念にある。

偉大な2人の発明家
勝ち組
THOMAS EDISON
トーマス・エジソン
発明品をビジネスにし GEの基礎を築いた
NIKOLA TESLA
ニコラ・テスラ
偉大な発明をしたにもかかわらず つらい極貧の生涯
負け組
ラリー・ペイジ
小学1年の頃からコンピュータを使いこなす、分解好きな少年
ニコラ・テスラの伝記を読み 強い衝撃を受ける
Biography of Nikola Tesla
Biography of Nikola Tesla
ラリー・ペイジ 12歳の決意
素晴らしい発明だけではダメ
発明は形にし、世に送り出し、人々に使ってもらい、世の中を変えていくことこそが重要だ！
発明で世の中を変えたい！
よりよい世界をつくるために会社をつくる。それが……
Google

第2話 3rd

1つの着想を考え抜く。いい答えには必ず人が集まる。

関心が強かったテーマ
ウェブの数学的特性
スタンフォード大学
コンピュータ
サイエンス学部
博士論文のテーマを探す
ラリー・ペイジ
「リンク」について
分析すれば何かを
突き止められるのでは
この時点では
▲検索エンジンをつくる気なし
▲グーグルを創業する予定なし
◎論文を仕上げることが目的

発想を異分野に持ち込む

1995年、スタンフォード大学の大学院生だったペイジは「ウェブ全体をダウンロードして、リンクの記録を取ったらどうだろう」という着想を得た。

探していたのはコンピュータ科学の博士論文のテーマだった。当初はウェブの数学的特性に関心が強かったが、徐々にリンクを分析すれば何かを突き止められる気がしてきた。

たとえば研究者は論文を書く際に多くの論文を参照する。つまり、頻繁に引用される論文は、それだけ関心を持たれ、価値が高い。引用された回数＝論文の価値なのだ。

ペイジは、ネットの世界で貼られたリンクの数にも同じような重要性があると考えた。

リンクは意味もなく貼られるのではない。情報に価値がある時にリンクが貼られる。つまり、リンクの数からサイトの人気を推測できるし、ランクづけもできる。これがペイジの仮説であり、グーグルの中心技術「ページランク」につながっている。

予定外からも変革は始まる

では、リンク数はどう調べるか。考え抜いた末に生まれたのが冒頭の着想だった。

ペイジはダウンロードに着手したが、その時点では検索エンジンをつくる気もなければ、グーグルを創業する予定もなかった。あくまで論文を仕上げることが目的だった。

だが、その挑戦に魅せられた「数学の天才」サーゲイ・ブリンが加わることで斬新な検索エンジンが生まれることになった。従来の検索エンジンは広告主の情報が検索結果の上位になりがちだったが、2人の方法なら価値の高い情報が上位になれるのだ。

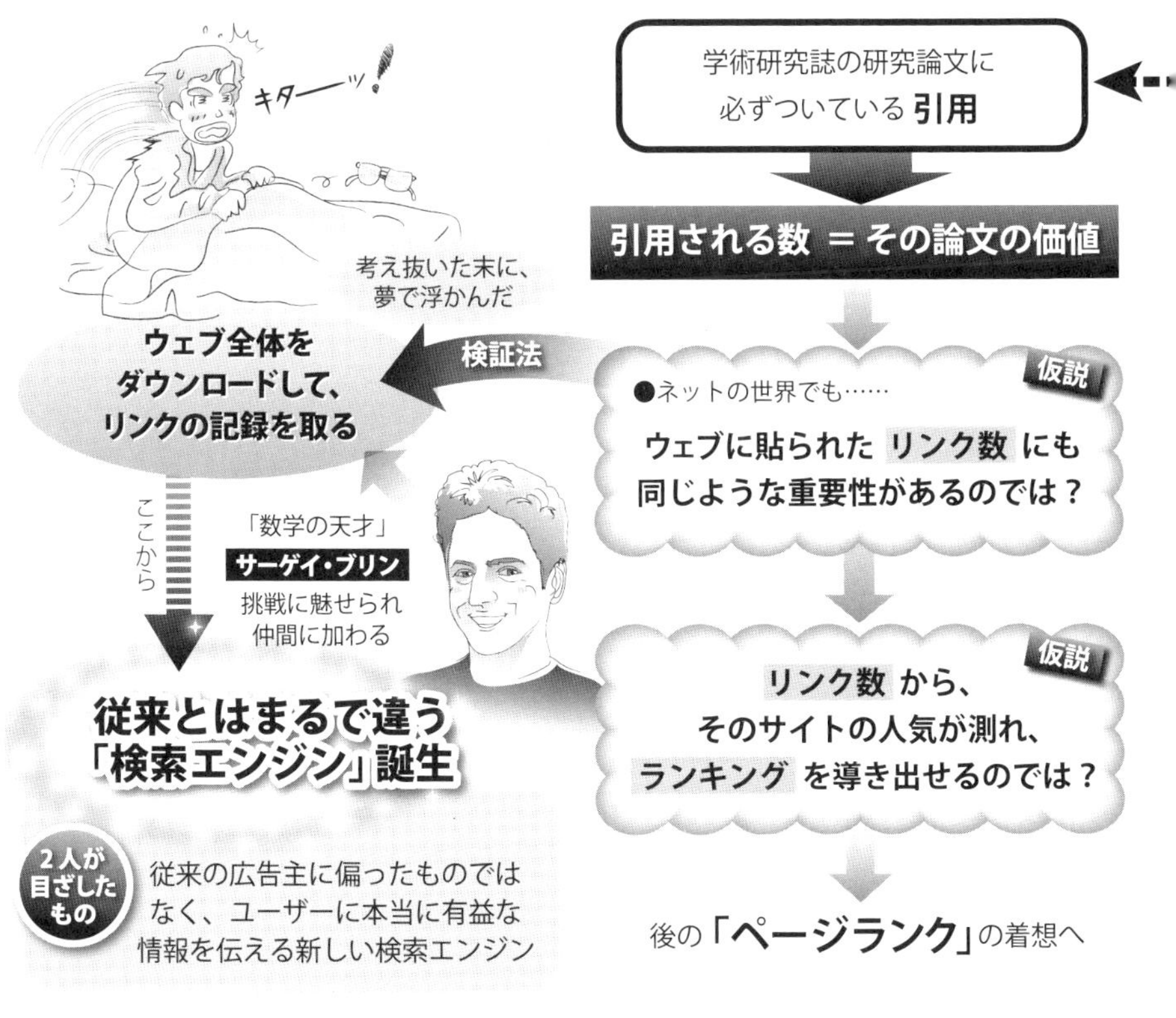
学術研究誌の研究論文に
必ずついている 引用
引用される数 ＝ その論文の価値
仮説
●ネットの世界でも……
ウェブに貼られた リンク数 にも
同じような重要性があるのでは？
仮説
リンク数 から、
そのサイトの人気が測れ、
ランキング を導き出せるのでは？
後の「ページランク」の着想へ
キター―ッ！
考え抜いた末に、
夢で浮かんだ
検証法
ウェブ全体を
ダウンロードして、
リンクの記録を取る
ここから
「数学の天才」
サーゲイ・ブリン
挑戦に魅せられ
仲間に加わる
従来とはまるで違う
「検索エンジン」誕生
2人が目ざしたもの
従来の広告主に偏ったものでは
なく、ユーザーに本当に有益な
情報を伝える新しい検索エンジン

第3話 3rd

自分が常識外れではなく、常識が間違っていると考える。

ペイジとブリンが検索の世界でイノベーションを起こせたのは、ユーザー本位を追求したからだ。2人は、お金を受け取って検索上位に載せるのは低俗だと考えていた。

ヤフーのようなポータルサイトは、ユーザーを長時間とどまらせることが必要だ。広告を取りやすいからである。それに対してグーグルは、ユーザーが短時間で検索を終えることが正しいと考えていた。お金を取らずに、本当に有益な情報を優先して載せる。検索の質は高いほどいいし、検索速度を遅くするバナー広告など不要だ。

ユーザーにとっては実にありがたい。一方、ヤフーなどはグーグルの検索の質の高さに感心しながらも、不安を感じたという。

2人は目標をこう表現した。「世界の情報を整理し、誰もが使えるようにする」「世界中の情報をワンクリックで届ける」。

こうした視点は当時の流れと逆で、受け入れる企業はなかった。2人はグーグルの立ち上げ前に、ヤフーやアルタビスタ、エキサイトなどの検索会社にエンジンの売却を試みたが、どれも不調に終わっている。

2人にとって検索はインターネットの最も重要な要素だったが、他の企業にとって検索はサービスの一部にすぎなかった。

しかし、2人は「僕たちは考え直したほうがいいかもしれない」と思わず、「世界が間違っている」と考えた。他社が関心を示さないのなら、自分自身でやる。こうしてグーグルを創業、ガレージの入口に「グーグル世界本社」と書かれた看板を掲げた。

ウェブサイトから
金を受け取って、
検索結果の上位に載せるのは
低俗なことだ！
ブリン
ペイジ
YAHOO!
excite
AltaVista
既存のポータルサイトの考え方
ユーザーを自分のサイトに
長時間滞在させる
ページビューが増える
広告を取りやすい
むしろ質の高い
検索エンジンは
邪魔！
2人の目標
「世界の情報を整理し、
誰もが使えるようにする」
「世界中の情報を
ワンクリックで届ける」
売却を試みるも
うまくいかず
他社が関心を示さないのなら、
自分たちでビジョンを実現する
やっぱりスタートは
ガレージから！
Google 創業

第4話 3rd

猛烈に働く時代があることがイノベーターの条件。

1日12時間、週6日働く

イノベーターには誰でも、猛烈に働く時代がつきものだ。98年、大学を休学してグーグルを立ち上げたペイジとブリンも例外ではなかった。薄汚れた絨毯《じゅうたん》が敷かれたガレージに24時間こもり、平日も休日もなく働いた。グーグルはまだベータテストの段階だったが、1日1万件近い検索が行われていたのだ。

しばらくして広いオフィスに引っ越し、エンジニアの採用を始めたが、状況は同じだった。会社にはホッケーのスティックやローラーブレード、シリアルや栄養食品、コーヒーポットなどが雑然と並んでいた。午前4時まで働くには、そういうものが必要だったという。実際、その時間まで働くのは珍しくな

かった。1日12時間、週6日働くのは当然。ライフスタイルが「24時間年中無休」だった。

環境を整えて猛烈に働かせる

ペイジは「本当に一生懸命に働いた。最終的には実を結んだけれど、まったく大変だった。すごく努力しなければならなかった」と振り返り、「インスピレーションを得るには、たくさんの汗（パースピレーション）が必要だった」とも言っている。

猛烈な仕事ぶりは、グーグルが成長しても変わることはなかった。グーグルは「エンジニアの楽園」と呼ばれるほどの福利厚生を誇る。無料の食事やマッサージサービスなど社内で何でも間に合うのだ。

だが、それは食事のために職場を離れることもできないことを意味する。ある社員はそれを「働かざるを得ないプレッシャーがあった」と表現している。変革は、ハードワークをいとわない職場環境で進められるのだ。

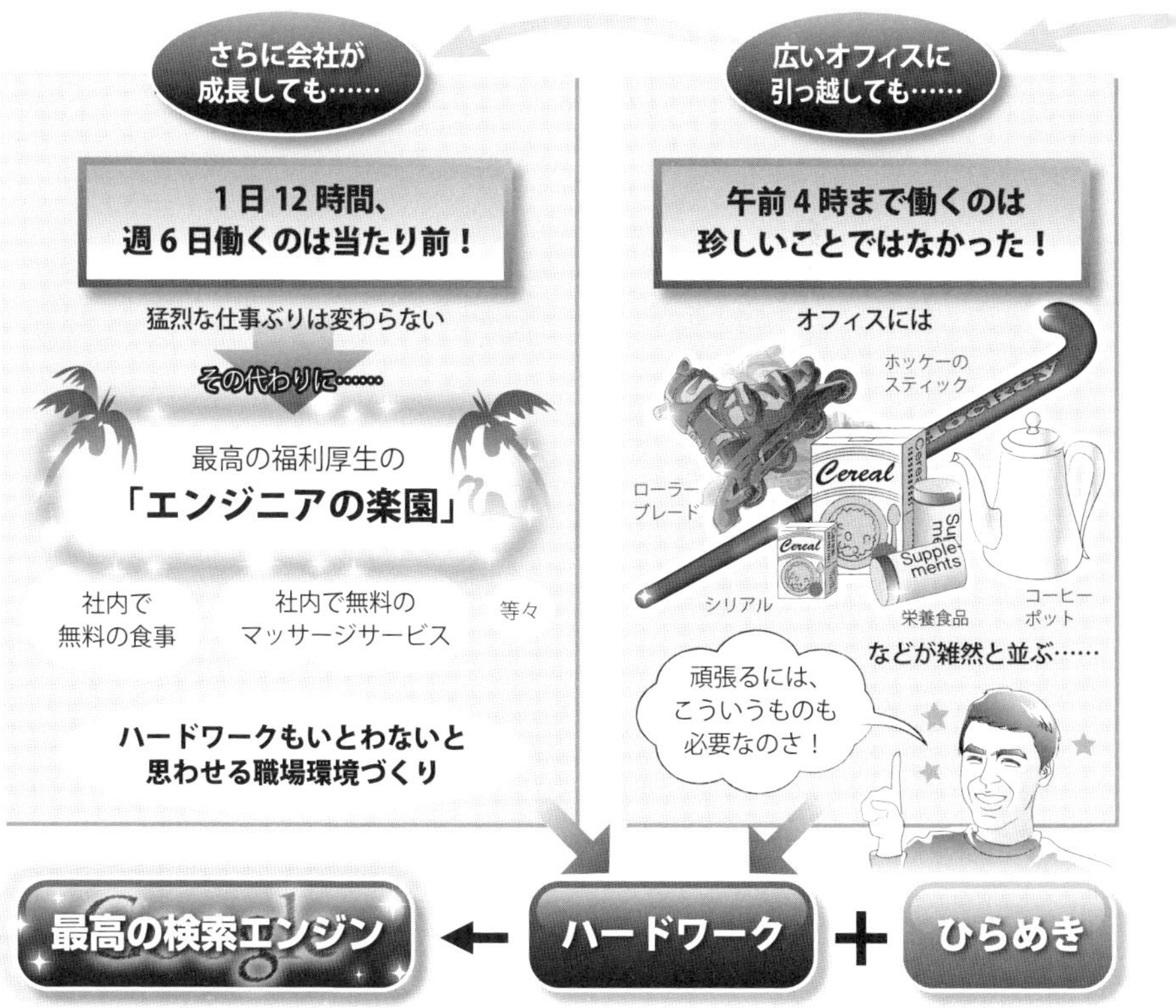
広いオフィスに引っ越しても……
午前4時まで働くのは珍しいことではなかった！
オフィスには
ホッケーのスティック
ローラーブレード
シリアル
栄養食品
コーヒーポット
などが雑然と並ぶ……
頑張るには、こういうものも必要なのさ！
さらに会社が成長しても……
1日12時間、週6日働くのは当たり前！
猛烈な仕事ぶりは変わらない
その代わりに……
最高の福利厚生の
「エンジニアの楽園」
社内で無料の食事
社内で無料のマッサージサービス
等々
ハードワークもいとわないと思わせる職場環境づくり
最高の検索エンジン
ハードワーク
ひらめき

第5話 3rd

予備知識はイノベーションの敵。大胆に進める。

ペイジとブリンはコンピュータと数学の天才だが、企業で働いた経験がない。にもかかわらずグーグルを成功に導いた。経験のなさが不利に働かなかったのだろうか。

ペイジは「僕らは予備知識がなかったから、これまでとは違うやり方を試すことに抵抗がなかった」と言い、ブリンも「過去の経験は有利に働くこともあるけど、マイナスにもなる」と言っている。

そのせいだろうか。グーグルは経験価値を低く見る傾向があるという。普通は急成長企業ほど経験者を優先して採用するものだが、グーグルはそうではない。

たとえばコカ・コーラの部門責任者を務めるなどネットビジネスに精通していたある人物は、15回も面接を受けたあげく不採用になっている。理由は、「予備知識が多すぎることは、イノベーションを阻害しかねない」からだった。確かに、事態を知りすぎていると困難だと結論づけがちだ。「前にやったけどダメだった」「経験からすると無理だね」などと、できない理由を数え上げてしまう。

ペイジは「目標に向かう時は、ちょっとだけ間抜けでなくちゃいけない」と言う。「不可能に思えることは、できるだけ無視の姿勢で臨むこと」という言葉を座右の銘に、できるはずがないことに挑戦すべきだと考える。

予備知識や経験は、保守や再生産にはプラスに働くことが多いが、創造や改革にはマイナスに働くことがしばしばだ。グーグルは経験のなさをプラスと考えることでイノベーションを起こし続けている。

僕たち ちょっと ゴール まで……
イヤイヤ ココは 無理ですよ〜。崖から落ち、森で迷い、トラに襲われ、火山に焼かれる 危険性がありますよ! まだ誰ひとりとして ゴールまで たどり着いた人は いないんだから!
予備知識 あり
新たな挑戦を 「困難だった」 という理由で 阻害しかねない
経験者
スタート
ゴール

僕たちなら きっと 行ける さ!
いざ! 前人未到の ゴールへ!
予備知識 なし
冒険に ピンチは つきもの
危なかった〜 ギリギリ セーフ!
ヤッタゼ! やったら意外と できちゃった!
スタート
あっちに 行って みよう
ここは 静かに 切り抜けろ
ゴール!

第6話 3rd

失敗を恐れるな。ダメなら次を試せばいい。

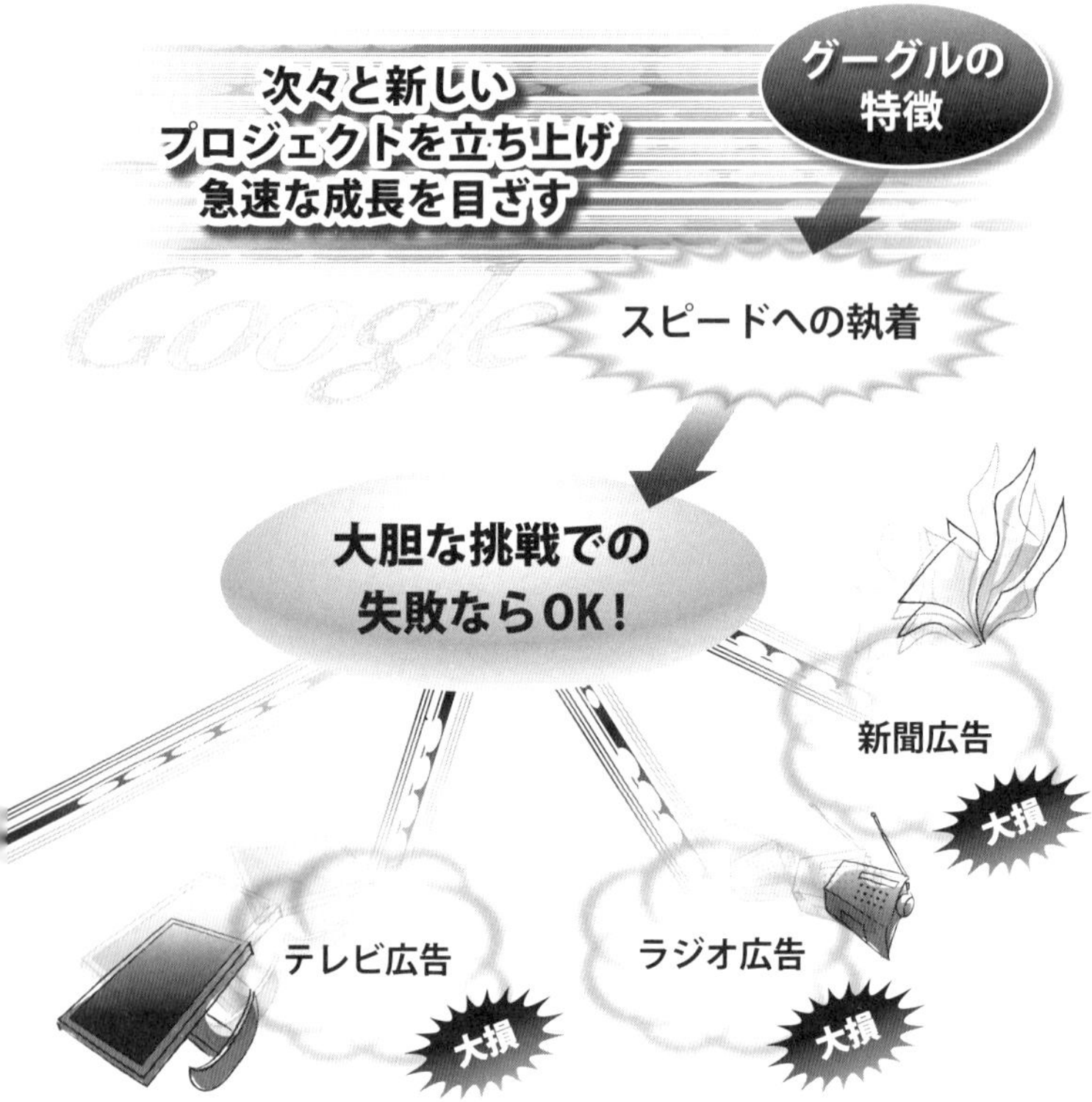
グーグルの特徴
次々と新しいプロジェクトを立ち上げ急速な成長を目ざす
スピードへの執着
大胆な挑戦での失敗ならOK！
新聞広告
大損
テレビ広告
大損
ラジオ広告
大損

急ぐための失敗は許される

グーグルの特徴はスピードへの執着だ。急ぐあまりに失敗もするが、それでも次々と新プロジェクトを立ち上げて急成長を目ざす。

副社長だったシェリル・サンドバーグ（現在はフェイスブック最高執行責任者）は、こんな経験をしている。

非営利団体の広告を無料で掲載するプロジェクトの展開を急ぐあまり、ある大失敗をしてしまった。それをペイジに謝ったところ、「速く、大胆に進めすぎたための失敗だからいいんだ。僕は喜んでいるくらいさ。進め方が遅く、機会を逸していたのならすごく怒ったけどね」と答え、サンドバーグは一切責められなかったという。

郵便はがき

お手数ですが、
切手を
おはりください。

151-0051

東京都渋谷区千駄ヶ谷 4-9-7

(株) 幻冬舎

「知識ゼロからの
イノベーション入門」係行

ご住所 〒□□□-□□□□ Tel.(- -) Fax.(- -)		
お名前	ご職業	男
	生年月日 年 月 日	女
eメールアドレス：		
購読している新聞	購読している雑誌	お好きな作家

◎本書をお買い上げいただき、誠にありがとうございました。
質問にお答えいただけたら幸いです。

◆「知識ゼロからのイノベーション入門」をお求めになった動機は？
① 書店で見て ② 新聞で見て ③ 雑誌で見て
④ 案内書を見て ⑤ 知人にすすめられて
⑥ プレゼントされて ⑦ その他（ ）

◆本書のご感想をお書きください。

今後、弊社のご案内をお送りしてもよろしいですか。

（ はい・いいえ ）

ご記入いただきました個人情報については、許可なく他の目的で使用することはありません。

ご協力ありがとうございました。

グーグルは「一発屋」か

それにしてもグーグルの失敗は多すぎた。ラジオ広告の販売では大損。新聞広告の販売でも大損。テレビ広告の販売も大損だった。ただ1つ、ターゲット広告だけが成功で、数十億ドルの利益をもたらしてくれた。

マイクロソフトCEOのスティーブ・バルマーは、それを「一発屋」と揶揄した。「グーグルの収入はたった1つの製品に依存していて、それは5年間変わっていない。球だけはたくさん投げているが、壁に当たったのはたった1球じゃないか」というわけだ。グーグルの検索の素晴らしさは認める。ではそれ以外はどうなのか、という批判だった。

グーグルCEOだったエリック・シュミットは「確かにグーグルは一発屋なんだろうが、今の芸が気に入っているのさ」と応じ、「中にはうまくいかないものもあるだろうが、うまくいかなきゃ次に移るだけさ」と続けた。

ターゲット広告
大当たり
この芸が気に入っているのさ
ターゲット広告が単一の芸というのなら、確かにグーグルは一発屋だけどね（笑）
グーグル
エリック・シュミット
グーグルは球はたくさん投げているけれど、当たったのはたった1球じゃないか
グーグルに批判的な人たちは揶揄
一発屋だよ
マイクロソフト
スティーブ・バルマー
たった一発の芸がもたらした利益
数十億ドル！

第7話 3rd

楽観的に考えよう。技術の進歩が不可能を可能にする。

正解は必ず見出せる

グーグルのもう1つの特徴は、大いなる楽観主義だ。それは、技術の進歩に対する揺るぎない自信と、「解を見出《みいだ》せる」という大いなる自信から発している。

たとえば、インテル創業者の1人、ゴードン・ムーアは、集積回路の能力は18ヵ月ごとに倍増するという「ムーアの法則」を唱えたが、ペイジはこれを「法則」ではなく、インテルの「決意表明」だと考えている。つまり、18ヵ月ごとに倍増させるという目標を掲げ、実際に態勢を整え、実現したと見るのだ。

ペイジも、まず不可能と思える目標を掲げる。今は不可能と思えても、コンピュータが進化するし、グーグル自身も積極的に技術開

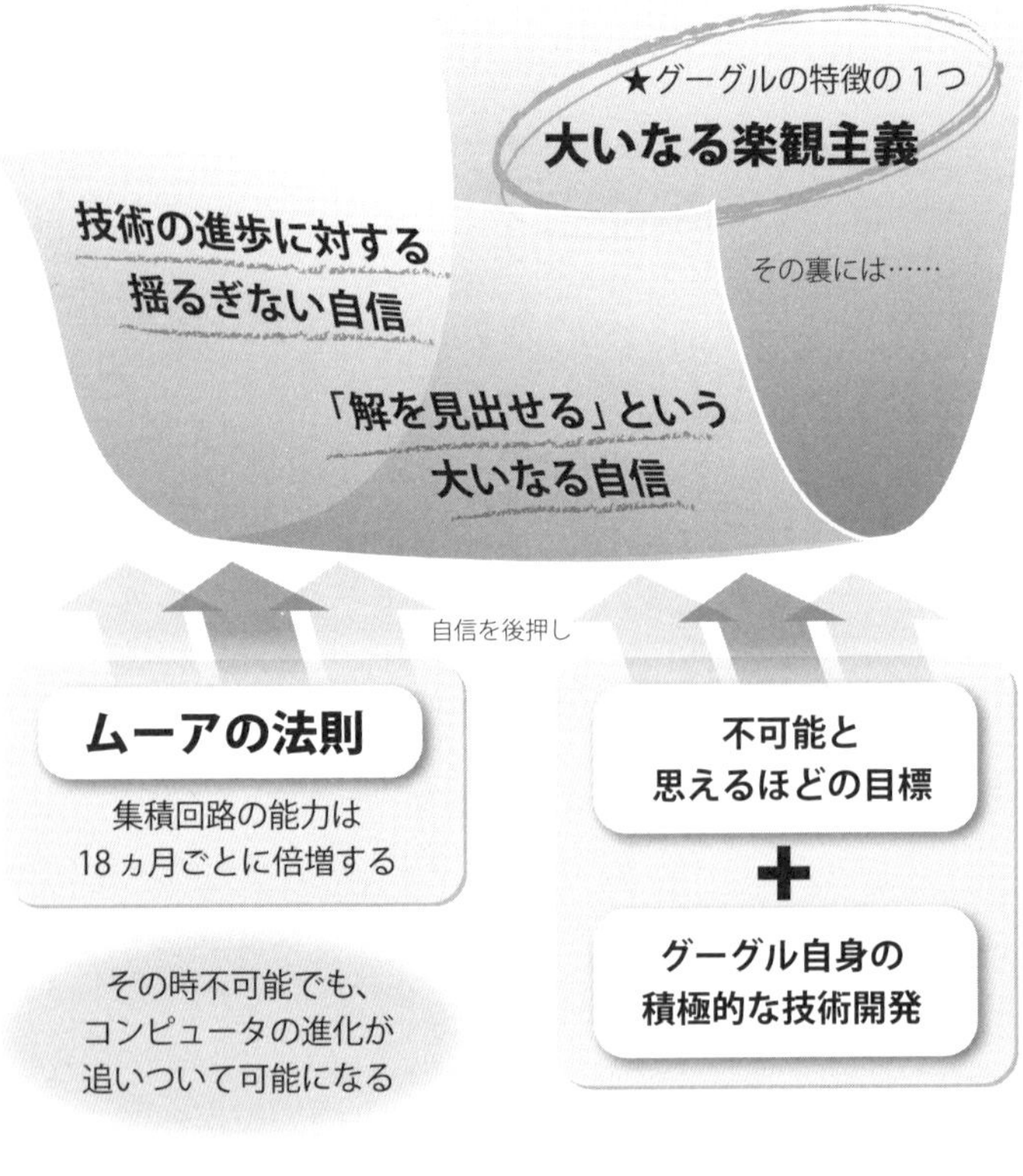

★グーグルの特徴の1つ
大いなる楽観主義
技術の進歩に対する
揺るぎない自信
その裏には……
「解を見出せる」という
大いなる自信
自信を後押し
ムーアの法則
集積回路の能力は
18ヵ月ごとに倍増する
その時不可能でも、
コンピュータの進化が
追いついて可能になる
不可能と
思えるほどの目標
＋
グーグル自身の
積極的な技術開発

不可能と
思えるほどの目標
大学の図書館の
何百万冊もの本を
すべてデジタル化
（ペイジとブリンの夢の１つ）
面白い！
いいよね？
グーグルなら
6年でできる！
出発は
楽観的に！
スタート
グーグル自身の
積極的な技術開発
ハードと
ソフトを組み合わせて
貴重な図書を速く丁寧に
スキャニングする
方法を模索
ロボット技術者
を採用
ムーアの法則
解を見出せる！

発を進めるから、将来は可能になると考えるのだ。これがペイジの楽観主義である。

「世界図書館」は実現するか

２００２年、グーグルは大学図書館にある何百万冊もの本をデジタル化するプロジェクトを立ち上げ、各大学との交渉に入った。

ミシガン大学は「１０００年かかる」と言ったが、ペイジは「グーグルなら6年でできる」と言い切った。コストが膨大な上、やり方を間違えれば貴重な本が損傷してしまうが、グーグルは、これまでのどんなスキャニングよりやさしく本を扱う方法を提案した。ロボット技術者を採用し、ハードとソフトの組み合わせで貴重な図書を速く丁寧にデジタル化する方法を見つけていた。

それでも、04年に発表した１５００万冊のデジタル化計画は普通に考えれば不可能だ。ただ、技術が進化すればできるかもしれないという夢は確実に与えてくれる。

少数より多数のほうが賢い。知恵を集める者が勝つ。

グーグルは「少数より多数のほうが賢い」と考える。シュミットは、群衆の叡智《えいち》の凄さを「私たちの誰1人として、私たち全員より賢いことはない」と表現している。

実際、グーグルでは採用はたくさんの社員が面接し、プロジェクトの人気はどれだけの社員が関心を示したかで決まる。小さな判断でも多くの意見を募る。

イノベーションには、1人のカリスマが、優れたアイデアと指導力でぐいぐい引っ張っていくイメージがある。だが、グーグルはたくさんの意見を取り入れ、みんなを巻き込んで一気にイノベーションを加速させていく。

たとえばグーグルの携帯端末向けOS「アンドロイド」がそうだ。

グーグルは、開発に際して、アンドロイドをウィンドウズにはしないと考えた。

マイクロソフトは、ウィンドウズを自社で抱え込み、数年おきに新製品を出して莫大な利益を得ている。しかし、それではウィンドウズはマイクロソフトのペースでしか進歩しない。アンドロイドはOSを広く外部に無償で開放する。有料にして儲けるよりも、多くの人に利用してもらったほうが進化は加速できるからだ。

07年、グーグルはインテルやサムスンなど32社と「オープン・ハンドセット・アライアンス」を設立、アンドロイドの開発、改良を進めた。32社はどこも自由にグーグルの研究成果を無償利用できる。開発費が高騰する中で、こうしたグーグルの方針に多くの企業が賛同したのは当然だった。

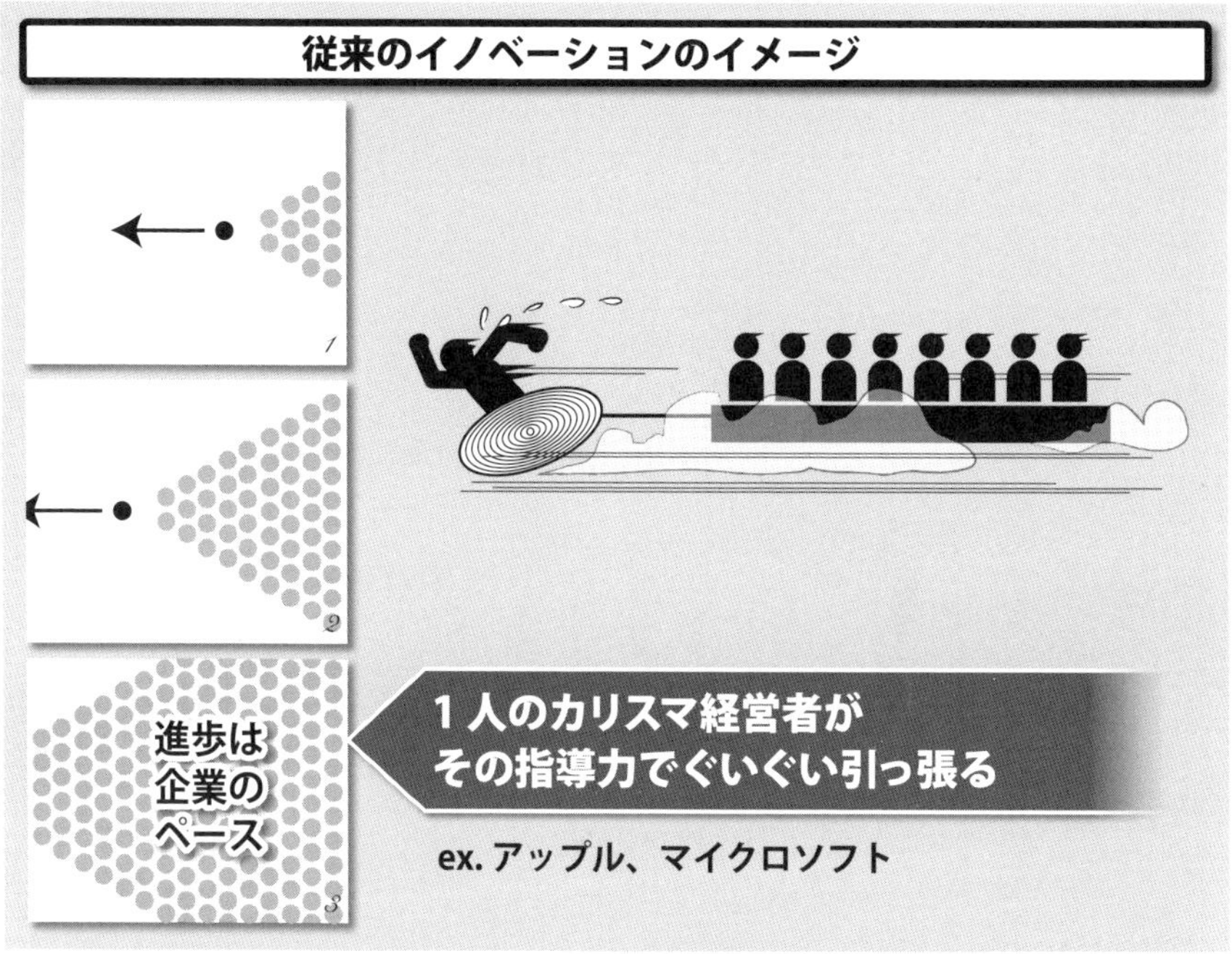
従来のイノベーションのイメージ
進歩は企業のペース
1人のカリスマ経営者がその指導力でぐいぐい引っ張る
ex. アップル、マイクロソフト

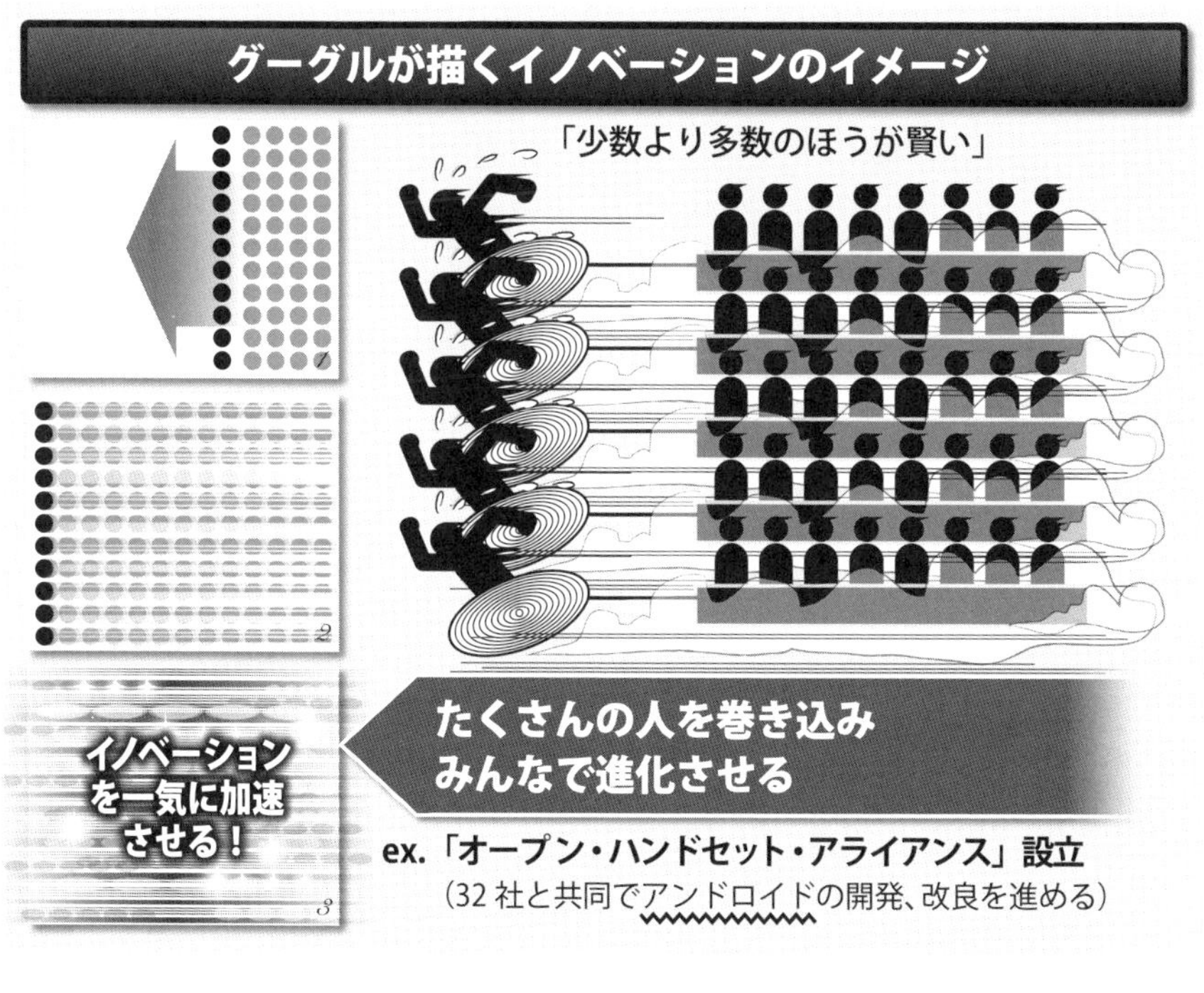
グーグルが描くイノベーションのイメージ
「少数より多数のほうが賢い」
イノベーションを一気に加速させる！
たくさんの人を巻き込みみんなで進化させる
ex.「オープン・ハンドセット・アライアンス」設立
（32社と共同でアンドロイドの開発、改良を進める）

みんながアイデアを知り、育てるシステムを。

イノベーションが起きない企業は、アイデアがないのではなく、「アイデアを拾い上げるシステムがない」場合が多いようだ。優れたアイデアも、誰も関心を示さず、協力しなければ、埋もれて朽ちてしまう。

アラン・ユスタスは「イノベーションに失敗するのは、イノベーションが生まれてから完成するまでのプロセスを整えようとしないからだ」と言っている。

グーグルには、エンジニアが新しいアイデアを売り込み、みんなで話し合う「ブレインストーミング・セッション」がある。社内の電子掲示板に投稿されたプロジェクトやアイデアについて社員全員が評価を与え、意見を書き込むこともできる。

社員の1人クリシュナ・バラットが仲間の協力を得て完成したグーグルニュースのデモ版にも、社員からたくさんの反応が寄せられていた。シュミット本人から「クールな作品だ」と激励されて、バラットは大いに感激している。

優れたプロジェクトには資金と人材が与えられる。バラットのグーグルニュースのアイデアも、トップの承認を得て、「フルタイム」のプロジェクトへと変わった。しかも、それを行うことでどれだけの利益が得られるのかをバラットが聞かれることはなかった。

ある技術者はこう話している。「グーグルには、心を元気づけてくれる環境がある。誰かが新しいアイデアを考えつくと、たいがいみんな興奮して、ああでもない、こうでもないとひとしきり議論が続く」と。

たいていの会社が
イノベーションに
失敗するのは、
イノベーションが
生まれてから完成するまでの
プロセスを整えようと
しないからだ
アラン・ユスタス

★グーグルのプロセス

ブレインストーミング・セッション
プロジェクトやアイデアを社内の電子掲示板に投稿。
社員全員が評価、意見の書き込みができる
カタ
カタ
カタ
Google News
It's so cool!
優れたプロジェクトには
資金と人材が与えられる
グーグルニュースは
トップの承認を得て、
「フルタイム」の
プロジェクトへ！
Google News

第10話 3rd

仕事時間の何割かを新しいアイデアづくりに使う。

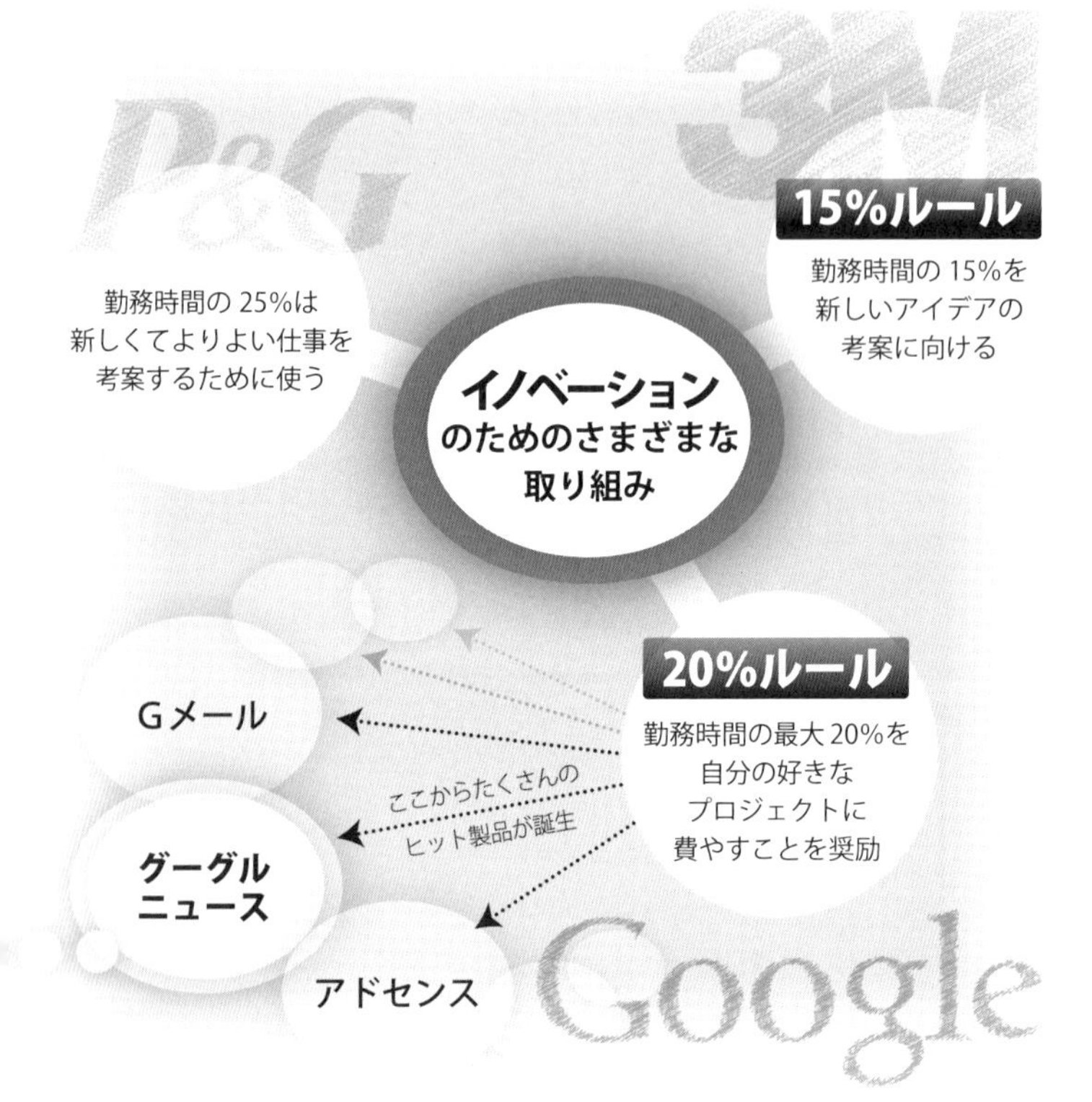

P&G
3M
15%ルール
勤務時間の15%を
新しいアイデアの
考案に向ける
勤務時間の25%は
新しくてよりよい仕事を
考案するために使う
イノベーション
のためのさまざまな
取り組み
20%ルール
勤務時間の最大20%を
自分の好きな
プロジェクトに
費やすことを奨励
Gメール
ここからたくさんの
ヒット製品が誕生
グーグル
ニュース
アドセンス
Google

グーグルの20%ルール

イノベーションには自由時間が必要だ。世界最大の化学メーカー3M《スリーエム》には勤務時間の15%を新しいアイデアの考案に向ける「15%ルール」がある。世界最大の消費財メーカーP&Gも、一部の社員は勤務時間の25%を新しくてよりよい仕事の考案に使える。

同様にグーグルには、勤務時間の最大20%を自分の好きなプロジェクトに費やす「20%ルール」があり、ここからGメールやグーグルニュース、アドセンスといったヒット製品が誕生している。

ペイジは「企業が大きくなるにつれて、革新的なプロジェクトを立ち上げるのは難しくなっていく。僕らにもそういう時期はあった」

と、ルールが生まれた理由を語っている。

より生産的な時間をつくる

20%の時間の使い方は自由。手続きも上司に何をしたいかを伝えるだけでいい。でないとアイデアが浮かんだ時に使えないからだ。

一般の会社では本業以外のプロジェクトに取り組むのはとても難しいが、グーグルでは、自分が主役になり、儲かるとか、ヒットするとか関係なしに、したいことができる。

20%ルールを使ってグーグルニュースを考案したクリシュナ・バラットは「20%ルールは探究するという目的だけのために考え出された。人間が生産的になれるのは、自分にとって大切なことや自分が考え出したことを行っている時、つまり情熱を持っていることに取り組む時だからだ」と言っている。

バラットは調査グループに属していたが、幼い頃からの自称「ニュース中毒」が高じてグーグルニュースを実現している。

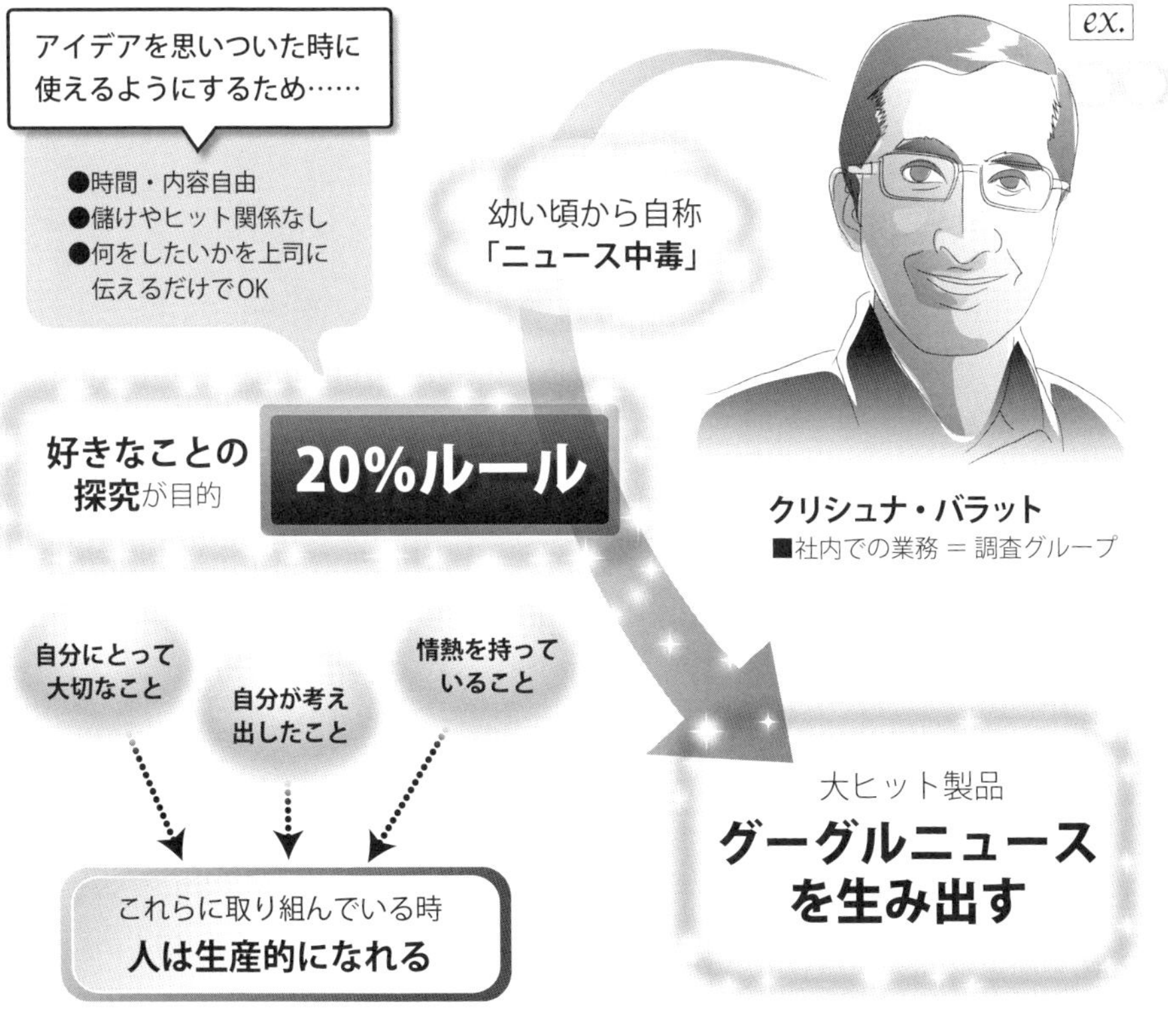
ex.
アイデアを思いついた時に
使えるようにするため……
●時間・内容自由
●儲けやヒット関係なし
●何をしたいかを上司に
伝えるだけでOK
幼い頃から自称
「ニュース中毒」
好きなことの
探究が目的
20%ルール
クリシュナ・バラット
■社内での業務 = 調査グループ
自分にとって
大切なこと
自分が考え
出したこと
情熱を持って
いること
これらに取り組んでいる時
人は生産的になれる
大ヒット製品
グーグルニュース
を生み出す

第11話 3rd

能力はあって当然。大切なのはチームワーク力。

グーグルの採用基準
ある意味で僕らと似た人たち。理想を持った人材しか採らない方針はずっと続いてきた
『ここで働くことが好き、何かを生み出すのが好き、金のためだけに働いているのではない』という人材の採用にこだわりたい
能力に比べてエゴが強すぎたり、チームワークのできない人間は避けたいですね
「できない」と口にすることを軽蔑する人材
生産的な人材
優れたリーダーシップのある人材
優秀な人材
面白い人材
エンジニアリング部門採用責任者
アラン・ユスタス
ブリン

グーグルの採用基準

グーグルが採用するのはどんな人材だろうか。ブリンや、エンジニアリング部門採用責任者アラン・ユスタスの言葉をまとめると、「ある意味で僕らと似た人たち。理想を持った人材」「ここで働くことが好き、何かを生み出すのが好き、金のためだけに働いているのではない、という人材」「どうやって金持ちになるかではなく、何か重要なことに取り組みたいと考える人たち」「『できない』と口にすることを軽蔑する人材」「面白い人材」「優れたリーダーシップのある人材」「ウェブに最新かつ最上の技術をもたらしてくれる優秀な人材」となる。

一方で「能力に比べてエゴが強すぎたり、

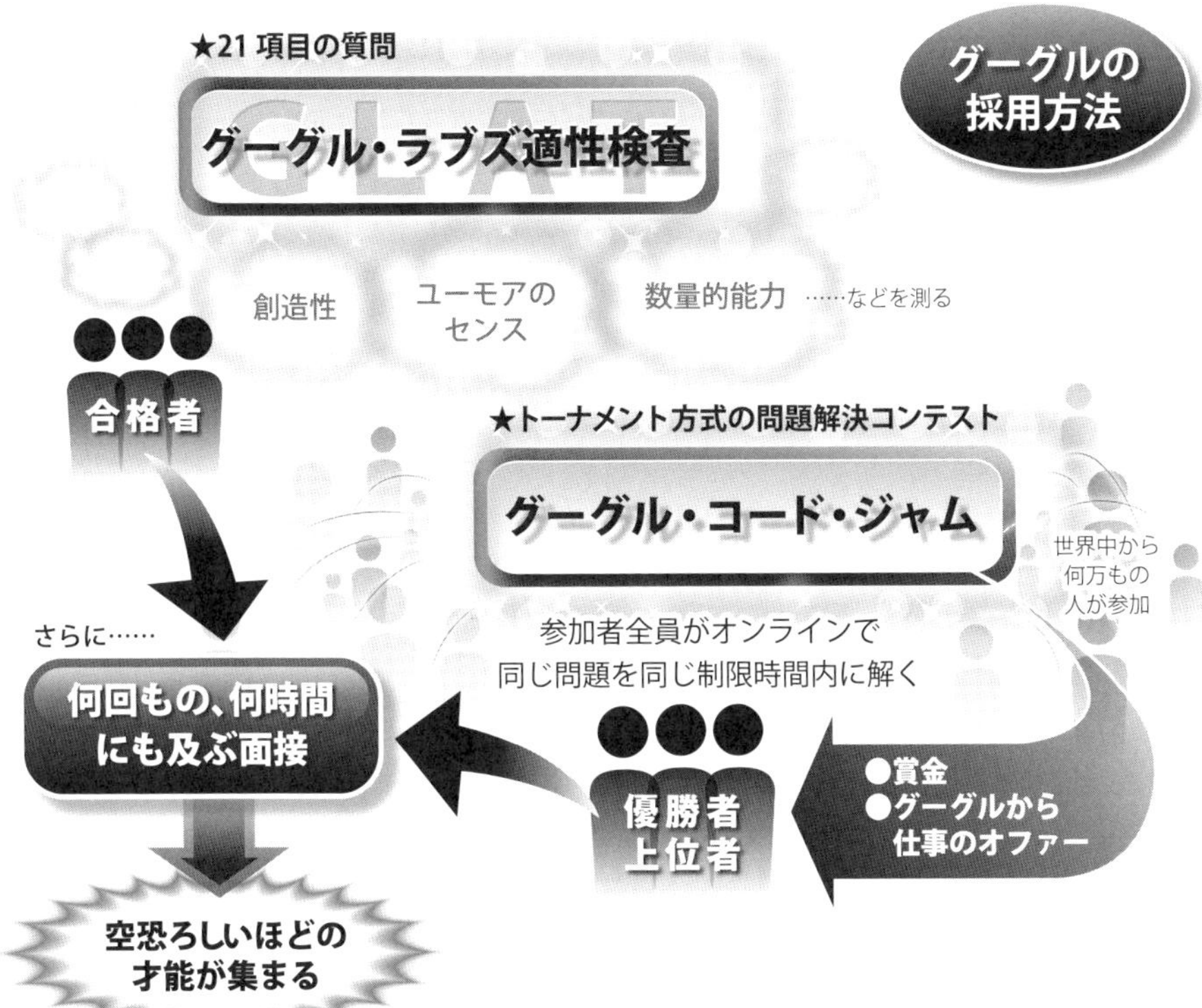
★21項目の質問
グーグル・ラブズ適性検査
グーグルの採用方法
創造性
ユーモアのセンス
数量的能力 ……などを測る
合格者
★トーナメント方式の問題解決コンテスト
グーグル・コード・ジャム
世界中から何万もの人が参加
参加者全員がオンラインで同じ問題を同じ制限時間内に解く
さらに……
何回もの、何時間にも及ぶ面接
優勝者 上位者
●賞金
●グーグルから仕事のオファー
空恐ろしいほどの才能が集まる

チームワークのできない人は避けたい」としている。

優秀さを競わせる

グーグルの採用面接はハードなことで有名だ。その1つが21項目の質問で選別する「グーグル・ラブズ適性検査」だ。数量的能力を測る質問、創造性やユーモアのセンスを測る質問を理解し、答えられることが求められる。

時間制限を設けたトーナメント方式の問題解決コンテスト「グーグル・コード・ジャム」もある。参加者全員がオンラインで同じ問題を同じ制限時間で解くことで優秀さを競う。優勝者と上位者には賞金とグーグルの仕事が与えられる。世界中から何万人もが参加し、人材発掘の最高の舞台となっている。

採用には何回もの何時間にも及ぶ面接も待っている。こうした採用の結果、グーグルは「空恐ろしいほどの才能が集まっている」と言われるほどの人材の宝庫となった。

第12話 3rd

大きなチームは組織硬直の始まり。改革は小チームから。

悪いパターンに陥るな

技術系企業には悪いパターンがある。スタートしてしばらくは技術者が会社をリードしてみんなが情熱を燃やすが、規模が大きくなると経営や販売のプロが率いるようになり、情熱が薄れてくるケースだ。

ペイジは、技術に疎《うと》い経営陣がエンジニアやプログラマーの首根っこを押さえてしまうと指示が的外れになり、現場は幻滅してしまうと指摘している。大切なのはエンジニアに権限がある企業文化なのだ。

グーグルもエンジニアが100人を超えた頃、悪い管理手法を取り入れたことがある。100人を10のチームに分け、チームの主任が経営陣に報告を行うパターンだ。しかし、

伝統的な管理手法

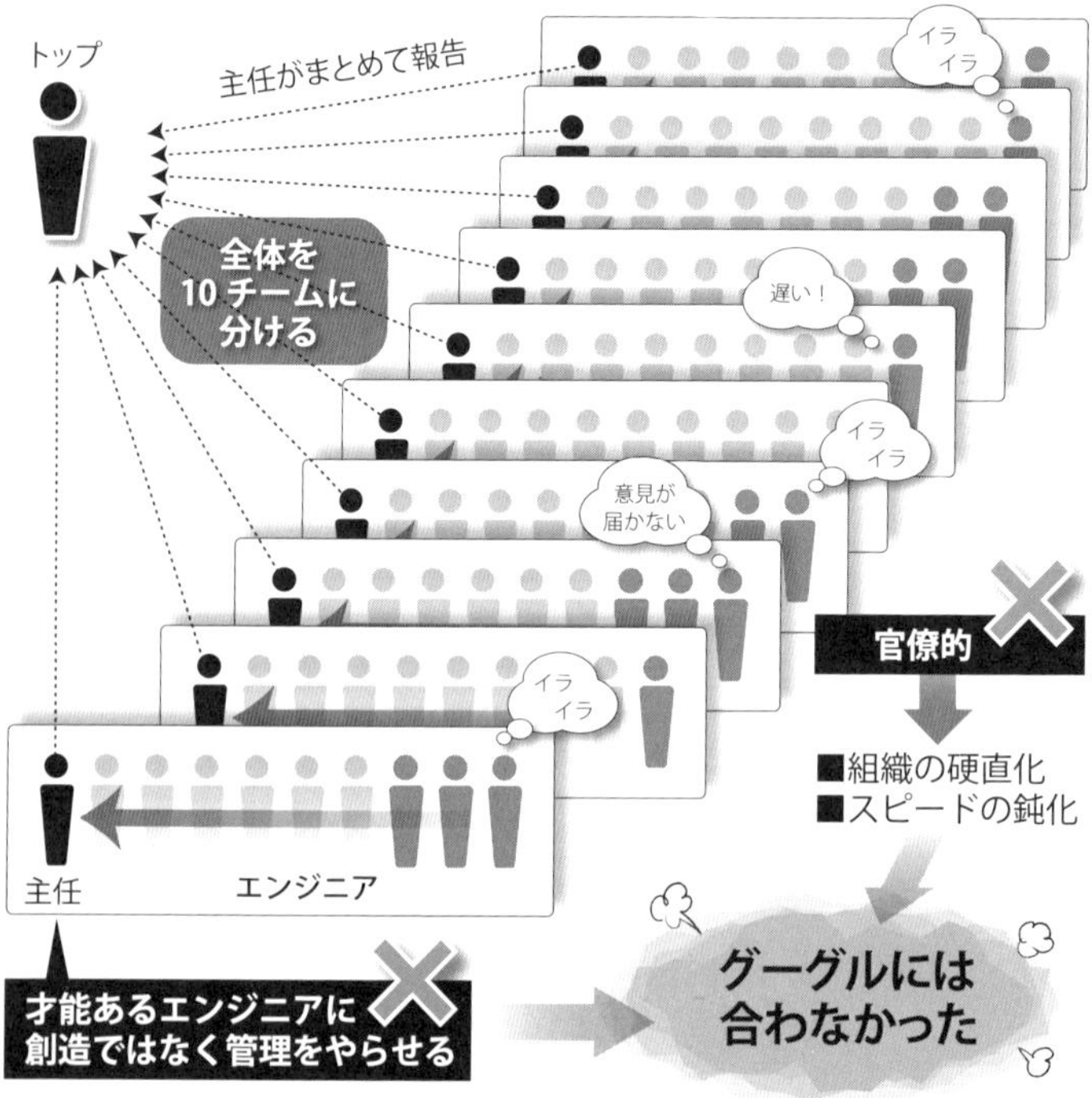

トップ
主任がまとめて報告
全体を
10チームに
分ける
イラ
イラ
遅い！
イラ
イラ
意見が
届かない
イラ
イラ
主任
エンジニア
官僚的
■組織の硬直化
■スピードの鈍化
才能あるエンジニアに
創造ではなく管理をやらせる
グーグルには
合わなかった

グーグルには合わなかった。仕事を面白く創造的に進めたいエンジニアにとって、あまりに官僚的だった。現場の意見は届かなくなり、組織は硬直化、スピードは鈍化した。

管理職は改革の邪魔になる

才能のあるエンジニアに、創造ではなく管理をやらせるのも馬鹿げていた。エンジニアとして優秀でも、管理職として優秀であるとは限らないから、二重の損だった。

それ以来、3~5人の小さなチームをつくり、エンジニアが主役になって仕事を進めるやり方に変更した。中間管理職はとことん減らす。多すぎる中間管理職はイノベーションの邪魔になるからである。

グーグルは組織をエンジニア主導に変え、福利厚生面で「エンジニアの楽園」を実現して「大学のキャンパス」「幼稚園の遊び場」と評される自由で明るく、若々しい風土を築き上げている。

グーグルの管理

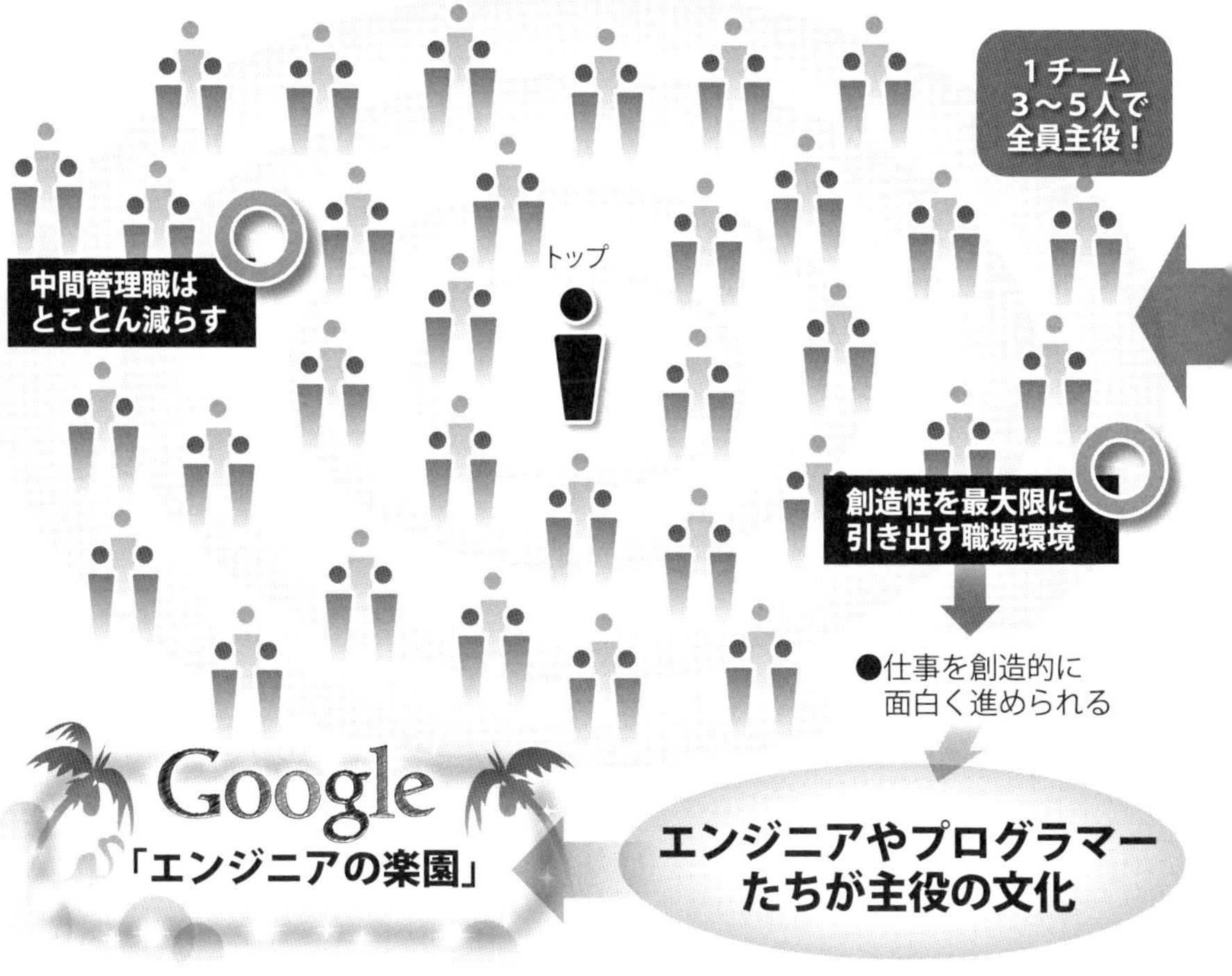
1チーム
3～5人で
全員主役!
トップ
中間管理職は
とことん減らす
創造性を最大限に
引き出す職場環境
●仕事を創造的に
面白く進められる
エンジニアやプログラマー
たちが主役の文化
Google
「エンジニアの楽園」

第13話 3rd

現状維持を望むと、いいアイデアが望めなくなる。

部分的改良は野心の不足

07年、グーグルでクリック課金広告サービスの「アドワーズ1・0」のアップグレードに関する会議が開かれていた。00年の導入から部分的に改良されてきたが、ユーザーからの要望に応えるために抜本的に改革しようというのだ。

だが、担当チームの提案をペイジとブリンは「野心が足りなすぎる」と一喝した。ゼロベースでの変革を求めているのに、担当チームはコストやマンパワーなどの理由をあげてそこそこの改良にとどめようとしている。

2人は、システムをつぎはぎしてOSを肥大化させていくマイクロソフトのようなやり方が嫌いだった。ペイジはこう言った。「ア

2007年「アドワーズ1.0」のアップグレードに関する会議
システムをつぎはぎし肥大化したOS
ゼロベースでつくる「最高のシステム」
コスト、マンパワーなどの観点から、今回は「そこそこの」改良にとどめようかと……
野心が足りなすぎる！君たちの提案はちっぽけじゃないか。何をそんなに尻込みしているんだい？
こちらを目ざすのだからお金も時間も人手も必要なのは当然！

ドワーズはグーグルの収入のすべてじゃないか。今の仕組みは何かが間違っている。会社が存続しているうちに、それを直す合理的な計画が必要だ。会社が存続している間というのは、1～2年だ」と。

改革は否定から始まる

企業が大きくなると抜本的な改革は避けられるようになる。しかし、現状維持の気持ちが前に出て今をしのぐだけでは、やがて改革ができない体質になり、失速していく。

イノベーションは変化を恐れない気持ち、今あるものを否定する気持ちによってもたらされる。ペイジは、守りよりも改革を求めることで、常に最高のシステムを求めるグーグル精神を呼び覚まそうとしたのだ。

担当チームはアドワーズ2・0を飛び越えて、アドワーズ3・0へと一気に進化する案をまとめあげることになった。最高のものだけがユーザーを満足させるのだ。

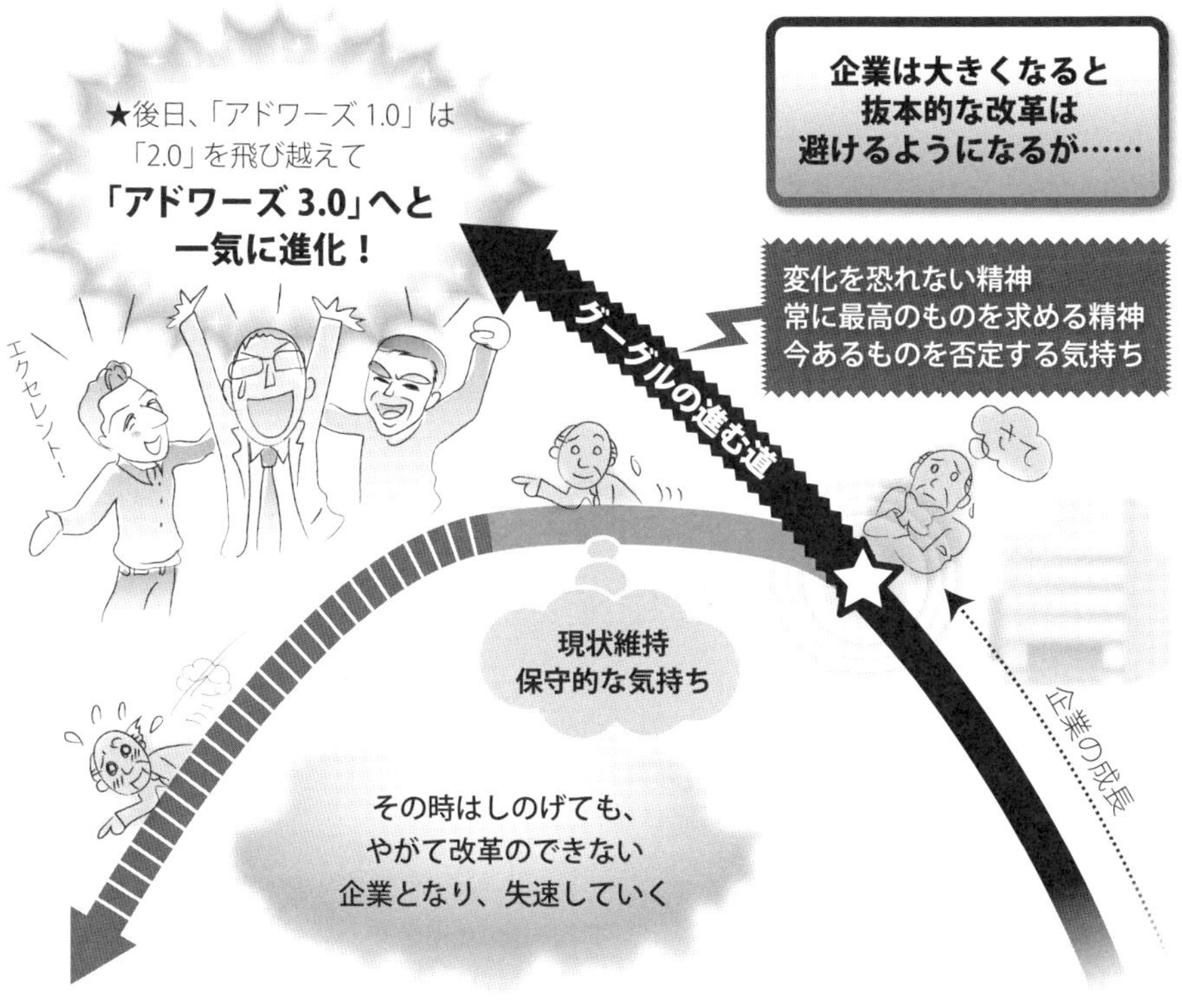
企業は大きくなると
抜本的な改革は
避けるようになるが……
★後日、「アドワーズ 1.0」は
「2.0」を飛び越えて
「アドワーズ 3.0」へと
一気に進化！
エクセレント！
変化を恐れない精神
常に最高のものを求める精神
今あるものを否定する気持ち
グーグルの進む道
さて
現状維持
保守的な気持ち
企業の成長
その時はしのげても、
やがて改革のできない
企業となり、失速していく

第14話 3rd

イノベーションはハイリスク。圧力に負けずに進め。

日々の株価の上下に
一喜一憂するよりも
長期的な視点で
企業の価値を見るべきだ！
ペイジとブリンは
この考え方に
影響を受けている

世界一の投資家
ウォーレン・バフェット
Warren Buffett

因習的な会社にはならない

四半期ごとの数字を悪化させないために、目先の利益確保に走って長期的な視点を忘れる経営者は多い。だが、著名な投資家ウォーレン・バフェットは、短期的な株価の上下に一喜一憂するなと言う。ペイジとブリンは、バフェットに大きな影響を受けている。

03年、グーグルは翌年の株式公開を決断した。乗り気ではなかったが、ベンチャーキャピタルの投資を受けている以上、避けられないことだった。ただし、グーグルらしくやりたいと考えたペイジらは証券取引委員会に提出する書類に、こんな手紙を添えた。

「グーグルは因習的な会社ではありません。そうなろうとも思っていません」

成功確率10％でも投資する

手紙は、成長の可能性を高らかにうたわず、「私たちは、グーグルを、世界をよりよい場所にする機関にしたいと熱望しています」と、価値観や使命、企業文化を訴えた。

そして、金融の中心ウォール街的な考え方と一線を画すことを宣言した。

「私たちは短期的収益を求める圧力のせいで、ハイリスク、ハイリターンのプロジェクトに尻込みするようなことはありません」

長期の視点で最善と思えることなら何でもやるということだ。たとえば長期収益が期待できるなら、成功確率10％でも投資する。

グーグルはエンジニアリング・プロジェクトの時間配分に「70・20・10」のルールを適用している。70％は主力事業に使い、20％は主力事業の拡張に使うが、残る10％はまったく新しい事業の構築に充てるのだ。これこそがグーグルのやり方なのである。

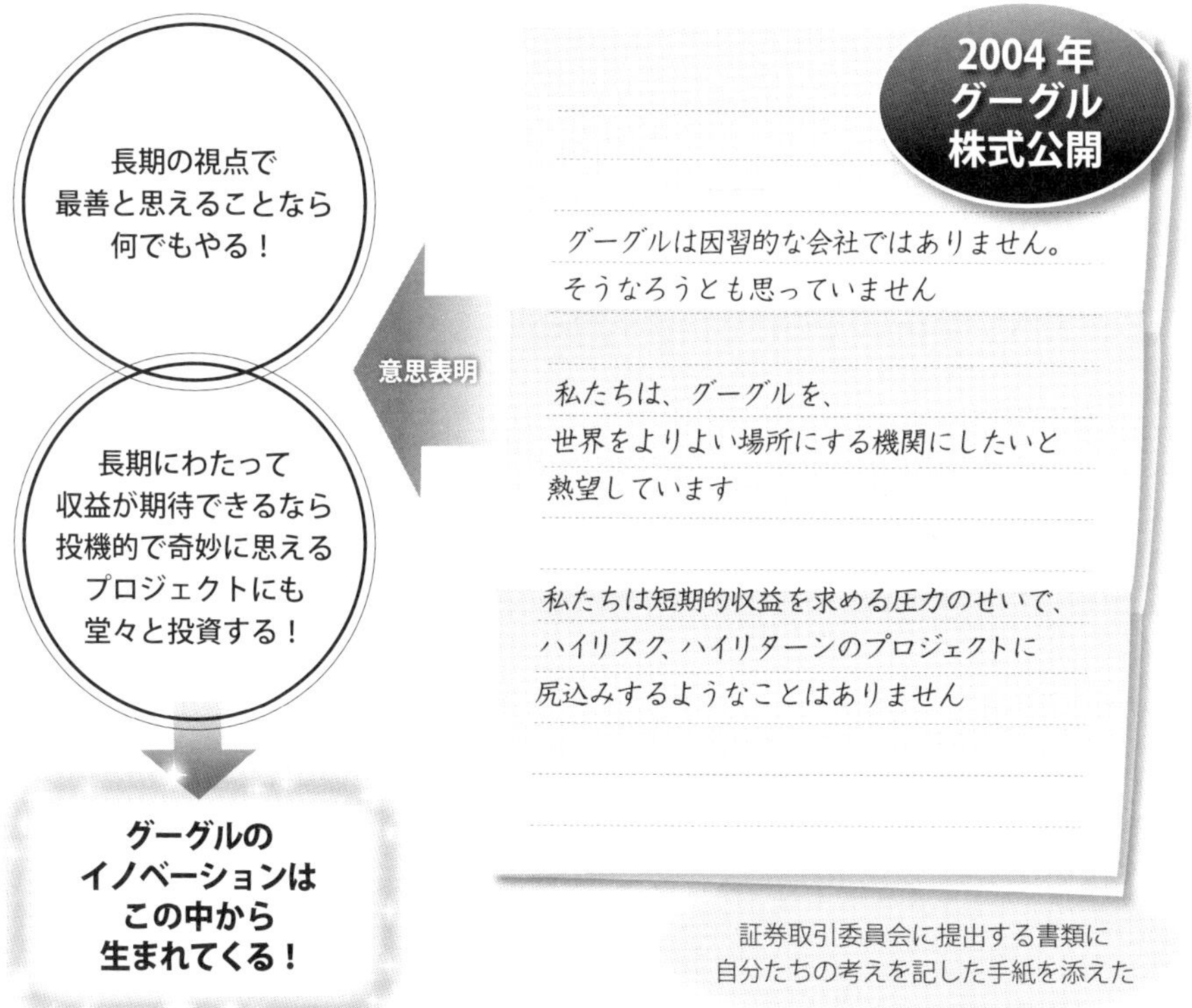
2004年
グーグル
株式公開
グーグルは因習的な会社ではありません。
そうなろうとも思っていません
私たちは、グーグルを、
世界をよりよい場所にする機関にしたいと
熱望しています
私たちは短期的収益を求める圧力のせいで、
ハイリスク、ハイリターンのプロジェクトに
尻込みするようなことはありません
意思表明
長期の視点で
最善と思えることなら
何でもやる！
長期にわたって
収益が期待できるなら
投機的で奇妙に思える
プロジェクトにも
堂々と投資する！
グーグルの
イノベーションは
この中から
生まれてくる！
証券取引委員会に提出する書類に
自分たちの考えを記した手紙を添えた

第15話 3rd

古いモデルに遠慮をしない。時には破壊者と呼ばれていい。

イノベーションは、業界や製品に壊滅的なダメージを与えることがある。そのため、既得権益を持つ側から「破壊者」と非難されることもある。

だが、グーグルは非難を恐れないどころか、歓迎する。その理由をシュミットは「グーグルの技術が進化すれば、大企業の営業部門の一部はいらなくなる。もともと大した働きはしていない。自動化もしていない部分だからね」と言っている。そして「営業にはぜひ我々を使ってほしい」とも言っている。

しかし、新聞やテレビなどの伝統的メディアや広告代理店などは、業界全体がグーグルと利害対立する。ペイジが「彼らとぶつかるのは時々じゃない。いつもだ」と言っている通りだ。それに対してはどう考えるのか。

「古いモデルを新しいモデルに書き換えるのが、資本主義のプロセスだ。イノベーションが経済を成長させる」とシュミットは言っている。そして携帯電話が一般化する前に大流行していたポケットベルを例に、「ポケットベル業界が立ち行かなくなったことを残念に思うかい」と問いかけている。

グーグルによってメディア業界は苦境に追い込まれているかもしれない。しかしグーグルの登場で、ユーザーは以前よりたくさんの情報を手にし、賢い選択をすることができるようになった。自分たちが得をするなら、メディア業界が損をしたって、残念に思うユーザーはいないだろう。

シュミットは「誰が勝者になるかは、ユーザーが決めることだ」とも言っている。

ユーザーのための
イノベーション
破壊者め！
既得権益者
イノベーター
不便
便利
Google

誰が勝者になるかは、ユーザーが決めることだ
新しいこと考えなきゃ……
既得権益者
ユーザーが得することなら
メディア業界が損をしても
残念に思うユーザーは
いない……
イノベーター
不便
古いモデルを新しいモデルに
書き換えるのが、資本主義の
プロセスだ！

戦う宅急便

配送イノベーションを始める

日本人の生活スタイルを変えたともいえる「クロネコヤマトの宅急便」は、ヤマト運輸２代目社長の小倉昌男《おぐらまさお》氏の危機感と闘いから生まれている。

小倉氏が会社を継いだ時の得意先はデパートなどだったが、石油ショックの影響もあって取扱個数が激減、業績が低迷していた。イノベーションなしでは会社がつぶれると危機感を持った小倉氏は、取扱荷物を大胆に絞り込もうと考えた。

会社から会社、会社から家庭へではなく、家庭から家庭へ。全国どこにでも速く、安く、安全に送ることができれば確実に支持されると小倉氏は信じた。

当時、家庭から荷物を送るのはかなり面倒だった。国鉄小荷物と郵便小包くらいしか方法がない上に、どちらも「親方日の丸」で、自分の仕事は改善もせず、顧客にばかり「荷札をつけろ」「しっかり荷造りしろ」とうるさく注文をつけていた。配達日数もかかっていた。

１９７６年、小倉氏は社運を賭けて宅急便を開始した。初日の取扱個数は11個だったが、小倉氏は屈せず、サービスの充実を進めた。配送における大きなイノベーションは、不便をかこっていた多くの人に支持されるようになり、5年後に取扱個数は国鉄小荷物と並ぶ３３４０万個に達した。ついに採算ラインを超えたのである。

規制の壁をどう乗り越えるか

しかし、さらなる成長には行政の規制が壁となった。当時、路線トラックは免許制で、陳情をくり返しても旧運輸省が簡単に許可を出さなかったのだ。ついに小倉氏は裁判に訴え、同時にマスコミを使って行政と闘う。こうして全国ネットワークを完成させたのである。

一方で宅急便の成功を見た同業他社が続々と参入、激戦がくり広げられた。そこでも小倉氏は「ダントツ3か年計画」を、なんと3度にわたって展開し、たくさんの新サービスを開発することで宅急便の地位を不動のものにしている。日本の物流を変えた闘いであった。

第4章

［フェイスブック］

マーク・ザッカーバーグの遊び感覚イノベーション

——要は「面白さ」だ

Facebook

第1話 4th

「つくる」遊びをたくさんしておく。独創の土壌になる。

友人のニーズをつかんで遊ぶ

フェイスブックを創業したマーク・ザッカーバーグは早熟の天才だった。父親は歯科医、母親は精神科医。息子の才能に気づいた両親は11歳の時にソフトウェア開発者を家庭教師に雇った。プログラミングが大好きになったザッカーバーグは、中学生の頃には父親のために自宅と病院を結ぶネットワークを構築。同級生が「こんなゲームがほしい」と言えば、そんなソフトをつくった。高校ではマイクロソフトが大金で買いたいと言った音楽再生ソフト「シナプス」もつくっている。

ハーバード大学に進んで寮生活を始めてからもたくさんのプロジェクトを手がけた。その1つが「コースマッチ」だ。講義をクリッ

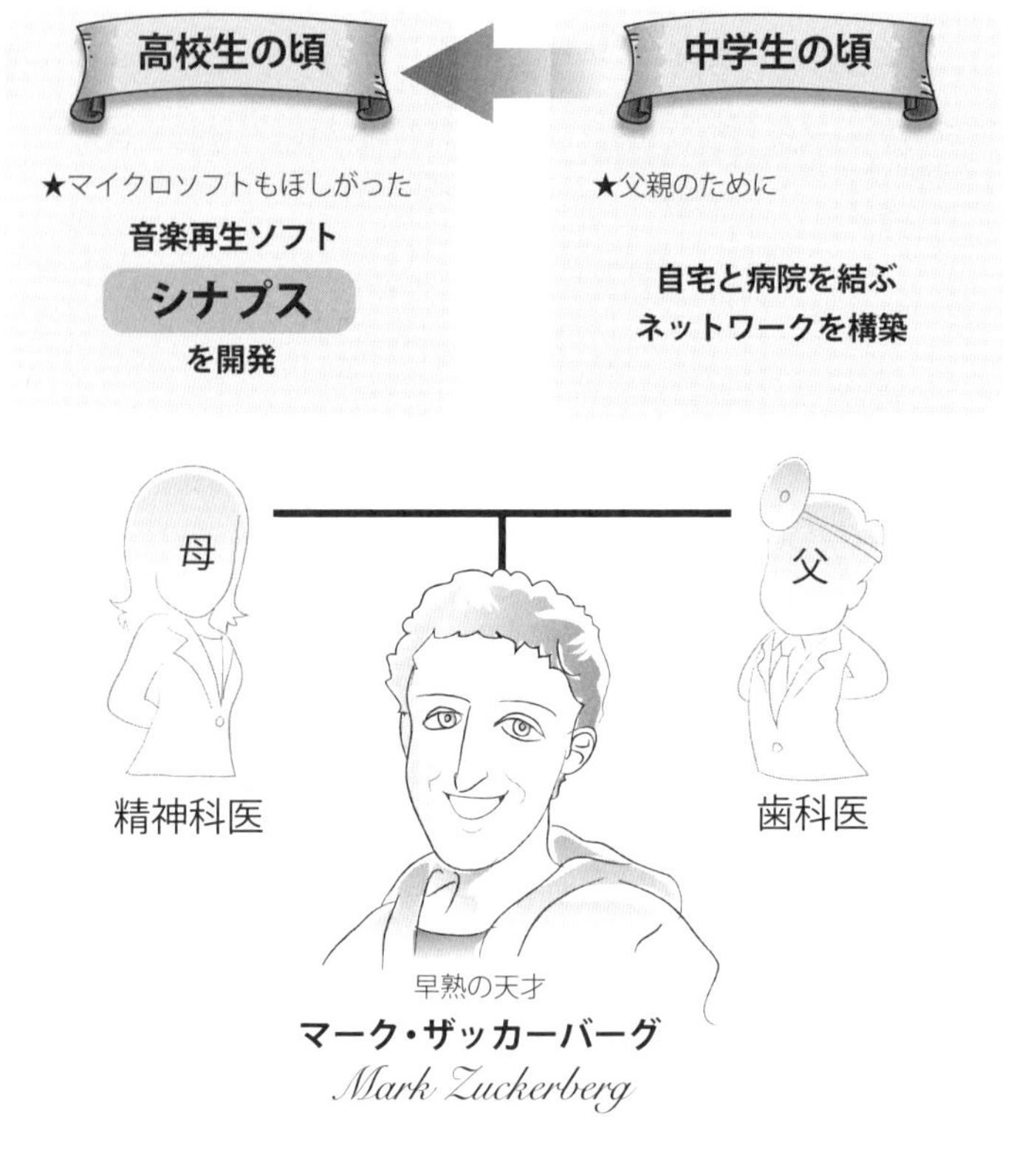

中学生の頃
★父親のために
自宅と病院を結ぶ
ネットワークを構築
高校生の頃
★マイクロソフトもほしがった
音楽再生ソフト
シナプス
を開発
母
精神科医
父
歯科医
早熟の天才
マーク・ザッカーバーグ
Mark Zuckerberg

クすると取っている学生がわかり、学生をクリックすると取っている講義がわかった。交友を広げたいニーズに合って大ヒットした。

大きなことはわからなくていい

だが、次の「フェイスマッシュ」は物議を醸《かも》した。学生たちの顔写真が出て「どちらがホットか」を投票できる面白さにアクセスが殺到したものの抗議の声も強く、ザッカーバーグは大学から謹慎を言い渡される。

こうした経験を経て生まれたのが「フェイスブック」だった。これも最初は遊びであり、小さなサービスの1つにすぎなかった。だが、あまりの人気に大きな可能性を感じるようになり、やがて自分のすべてを賭けるプロジェクトに変化した。ザッカーバーグは言う。「次にやるべき大きなことが何かなんてわからない。僕のやり方は、大きなものをつくるんじゃなくて、小さなプロジェクトを積み重ねていって、最後に一緒にすることなんだ」と。

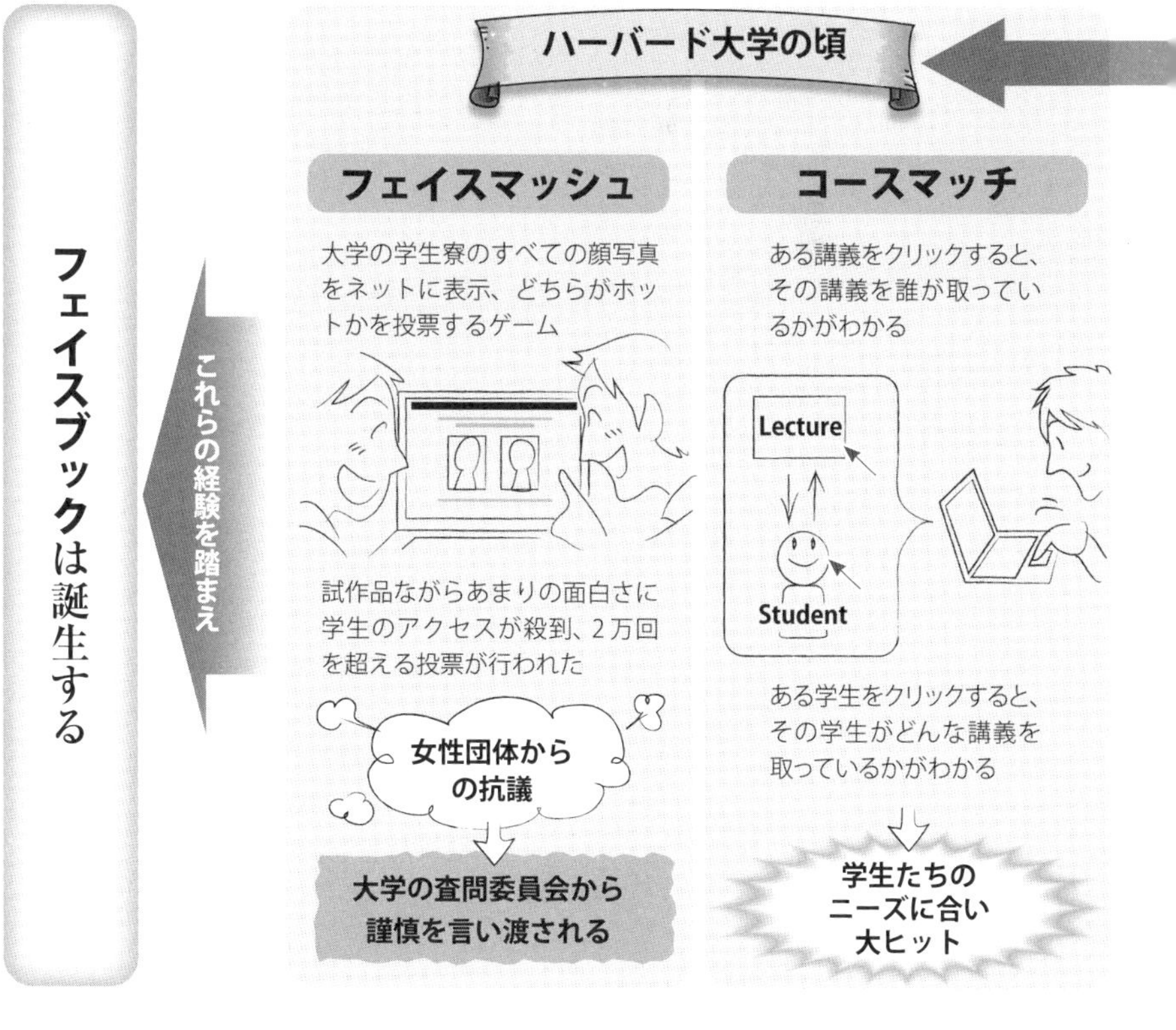
ハーバード大学の頃
コースマッチ
ある講義をクリックすると、その講義を誰が取っているかがわかる
Lecture
Student
ある学生をクリックすると、その学生がどんな講義を取っているかがわかる
学生たちのニーズに合い大ヒット
フェイスマッシュ
大学の学生寮のすべての顔写真をネットに表示、どちらがホットかを投票するゲーム
試作品ながらあまりの面白さに学生のアクセスが殺到、2万回を超える投票が行われた
女性団体からの抗議
大学の査問委員会から謹慎を言い渡される
これらの経験を踏まえ
フェイスブックは誕生する

第2話 4th

まず自分が面白がること。やがて多くの人が面白がる。

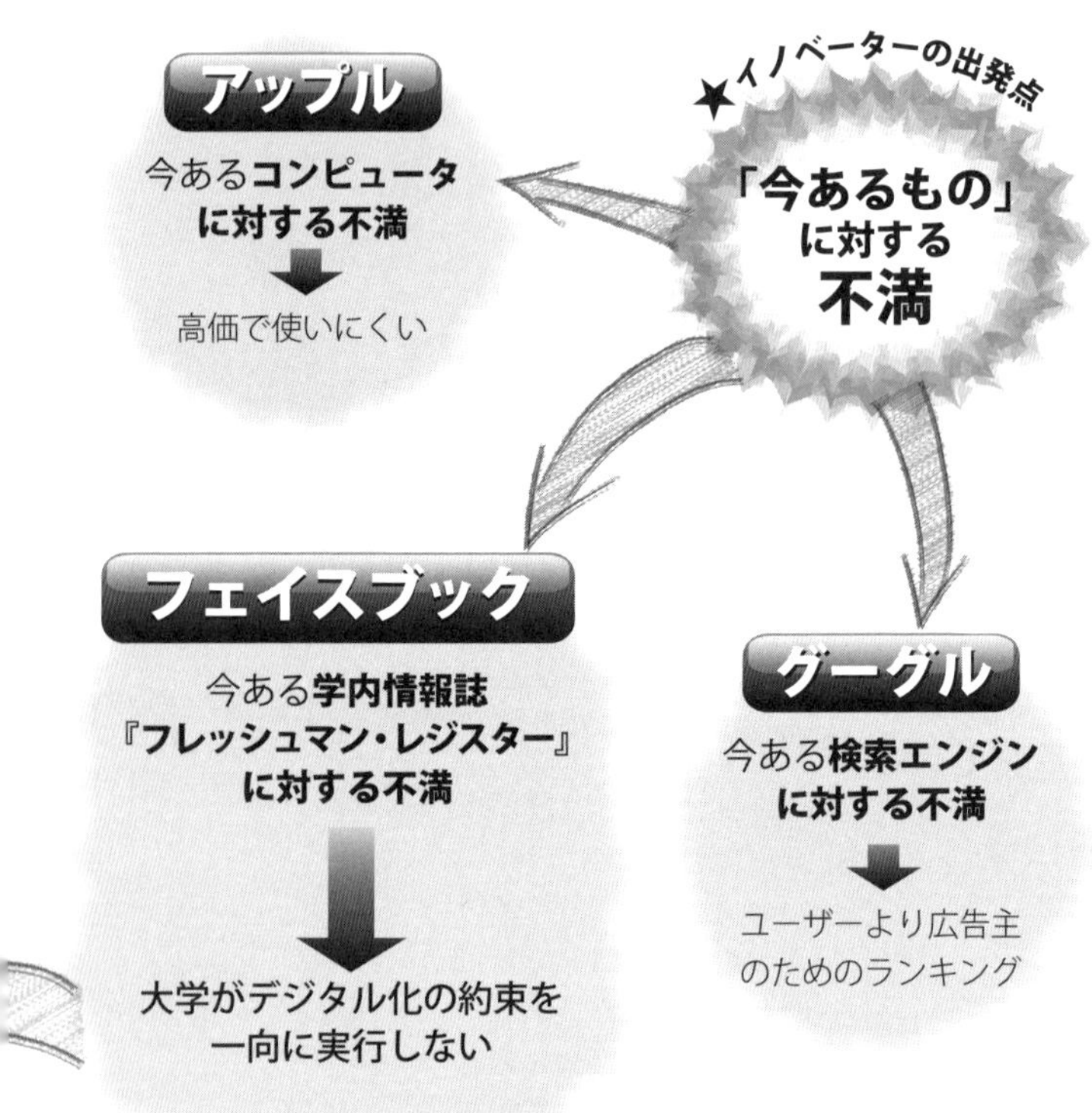
★イノベーターの出発点
「今あるもの」に対する不満
アップル
今あるコンピュータに対する不満
高価で使いにくい
フェイスブック
今ある学内情報誌『フレッシュマン・レジスター』に対する不満
大学がデジタル化の約束を一向に実行しない
グーグル
今ある検索エンジンに対する不満
ユーザーより広告主のためのランキング

イノベーションは不満から始まる

イノベーションの多くは不満から始まっている。ラリー・ペイジは検索エンジンに不満を持っていたし、スティーブ・ジョブズは当時のコンピュータに不満を持っていた。

フェイスブックの始まりは大学の対応への不満だった。

ハーバード大学では新入生全員の写真を掲載した印刷物『フレッシュマン・レジスター』が人気で、学生はデジタル化を大学に要望していた。だが、なぜか一向に実行されない。

ザッカーバーグは「大学にやらせると2～3年はかかる。僕ならもっといいものを1週間で立ち上げてみせる」と考えた。こうして2004年2月に立ち上げたのがフェイスブックだった。

自分が面白いものは人にも面白い

機能はいたってシンプル。写真を1枚載せて自己紹介を書き込むだけだ。条件はハーバード大学のメールアドレスを持っていることと実名で登録すること。ザッカーバーグはトップページに「自分のソーシャルネットワークを可視化しましょう」と記した。

反響は凄まじかった。1週目で学部学生の半数近くが登録した。大学院生、卒業生、教職員まで登録し、スタートから3週間で登録者は6000人に達した。

ザッカーバーグは言う。「僕はこう考えたんだ。みんな僕と同じ大学生だ。だから自分が面白いものをつくれば、みんなにも面白いものになるんじゃないかなって」と。

ザッカーバーグには、みんなが「面白い、使いたい」と思うものを感じ取り、つくり上げる優れた才能があった。

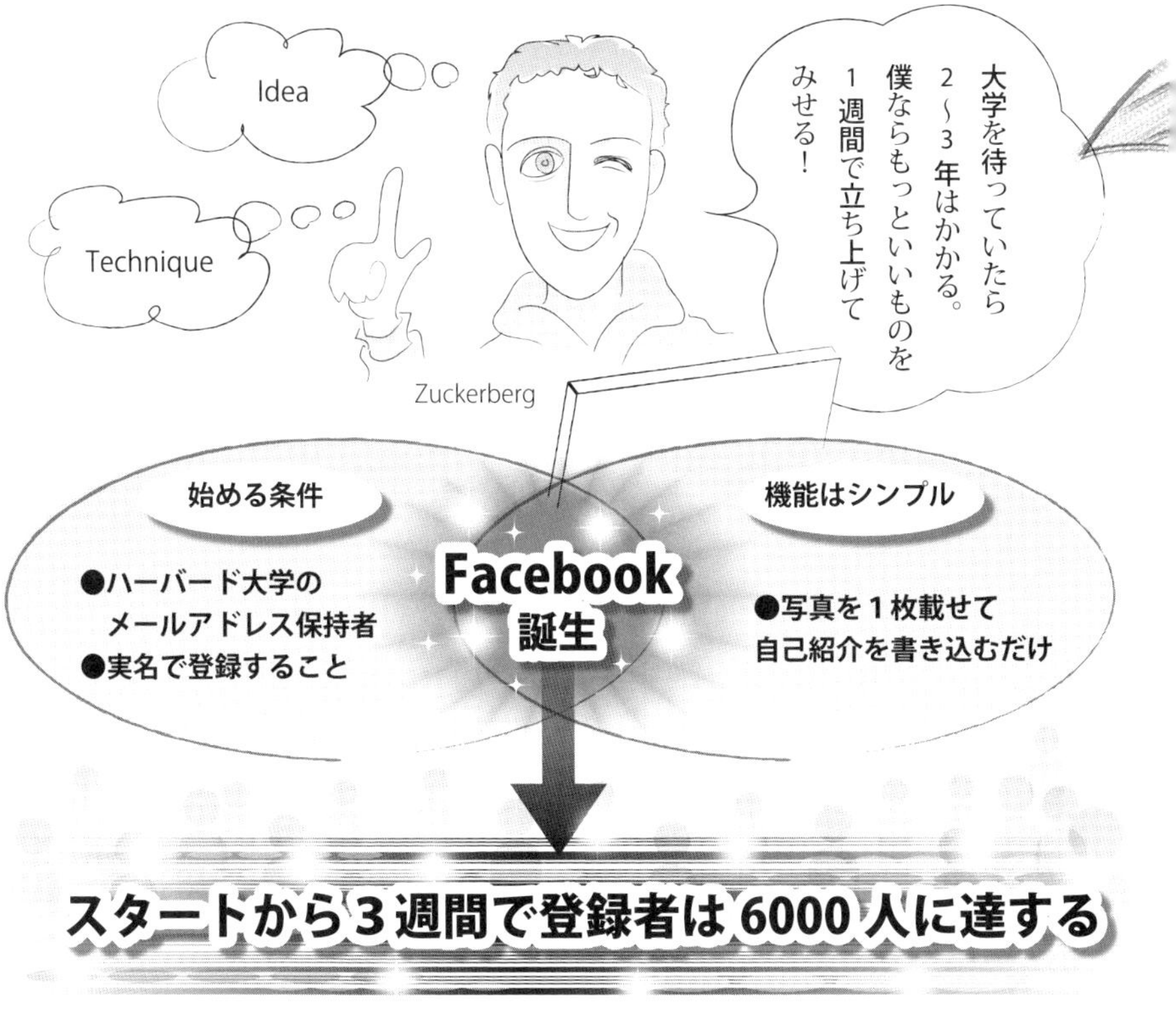
Idea
Technique
Zuckerberg
大学を待っていたら
2～3年はかかる。
僕ならもっといいものを
1週間で立ち上げて
みせる！
始める条件
●ハーバード大学の
メールアドレス保持者
●実名で登録すること
機能はシンプル
●写真を1枚載せて
自己紹介を書き込むだけ
Facebook
誕生
スタートから3週間で登録者は6000人に達する

初めに強い敵に勝つ。優位を確立する近道。

調査は拡大の大切な地ならし

力の優位を確立するベストの方法は、強力なライバルに勝つことだ。周囲がいっせいになびいてくる。フェイスブックのスタートでザッカーバーグが取った戦術もそうだった。

ハーバード大学での圧倒的な評判を聞きつけ、全米の学生から「自分の大学ではいつ使えるようになるのか」というメールが届き始めた。そうなることはザッカーバーグも想定しており、他大学の開拓をルームメイトのダスティン・モスコヴィッツに頼んだ。モスコヴィッツはユーザー登録の仕組みを設定し、大学のすべての講義と学生寮のリストを入手した。時間のかかる作業だったが、フェイスブック拡大の大切な地ならしになった。

立ち上げた当初から、
フェイスブックを他大学に
広めることは想定していた
ザッカーバーグ

ザッカーバーグのルームメイト
ダスティン・モスコヴィッツ

時間のかかる作業を粘り強く
成し遂げフェイスブックの拡大に
大きな役割を果たす

最初に勝てば後は容易に勝てる

ザッカーバーグはフェイスブックを公開する大学を、すでに独自のソーシャルネットワークがある名門校という基準で3校選んだ。「そうした大学で競争相手を押しのけてユーザーを獲得できれば、他の場所では、はるかに容易に勝てると考えた」からである。

結果はどうだったか。スタンフォード大学には「クラブネクサス」があったが、またたく間に優位に立った。コロンビア大学の「CUコミュニティー」には3割超の学生が登録をすませていたが、数ヵ月かけて追い越した。イェール大学の「イェールステーション」も強力なライバルだったが、制圧した。

こうしてライバルとの戦いを通してフェイスブックの優位性を確信したザッカーバーグは、アイビーリーグの他の大学への拡張を続け、スタートから1ヵ月半が過ぎた頃には、ユーザーは2万人に達することになった。

そこで公開して
勝てれば、
フェイスブックの
優位性を確保
できる！
条件
すでに独自の
ソーシャル
ネットワーク
があること
フェイスブックを
公開する大学
3校を選ぶ
■コロンビア大学
「CUコミュニティー」
■スタンフォード大学
「クラブネクサス」
■イェール大学
「イェールステーション」
VS
Facebook
すべてに勝利！
スタートから1ヵ月半で
ユーザー数は2万人に達する！

イノベーションには「取り去る」ことも含まれる。

役に立ちすぎるのはかえってダメ

最近こそ機能の簡素化が言われるが、かつては機能を盛り込みすぎる企業や製品が多かった。それはネットの世界でも同じだった。ハーバード大学では03年9月にアーロン・グリーンスパンが「ハウスシステム」というソーシャルネットワークを立ち上げている。講義の批評、本の売買、写真をアップできる「ユニバーサル・フェイスブック」など多機能だったが、ユーザーは少なかった。

フェイスブックを立ち上げる前、ザッカーバーグはグリーンスパンに会い、新しいプロジェクトへの参加を持ちかけている。グリーンスパンは逆に、ザッカーバーグのプロジェクトをハウスシステムの機能の1つとして取

先輩、僕の新しいプロジェクトに参加しませんか？
ハウスシステムの機能の1つとして取り入れてやってもいいぞ？
カツ カツ
カツ カツ カツ
講義の批評
学生同士の本の売買
写真をアップロードできる「ユニバーサル・フェイスブック」という機能もあった
「ハウスシステム」
●ハーバード大学にもともとあったソーシャルネットワーク
●アーロン・グリーンスパン（4年生）が開発
それほど多くのユーザーの支持を得ていなかった

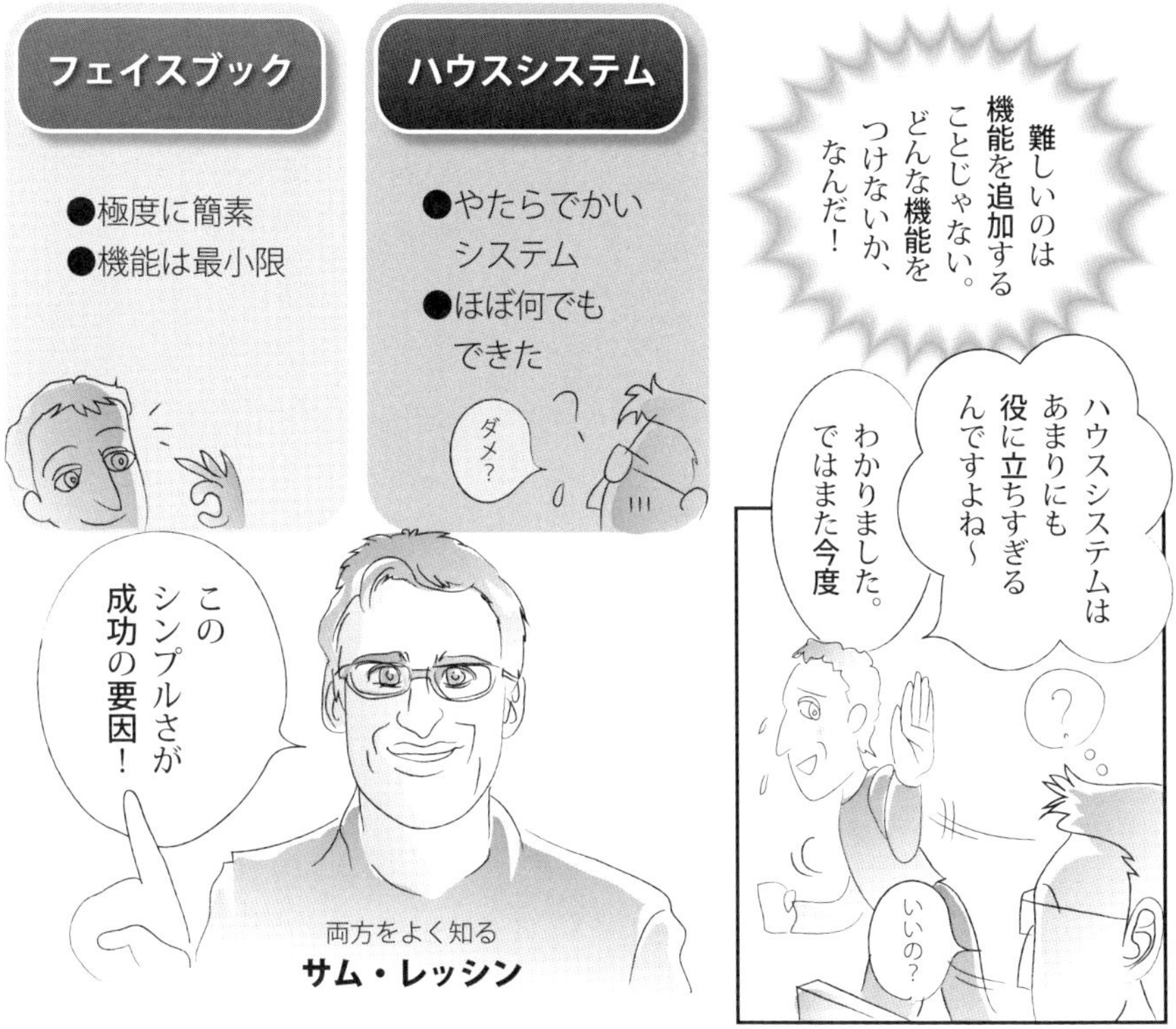

り入れようかと提案した。ザッカーバーグは、「ハウスシステムは役に立ちすぎる」と言って断っている。

難しいのは機能を絞ること

グリーンスパンは、役に立つのはいいことなのに、それを理由に「ノー」を言われる意味がわからなかった。ザッカーバーグはこう考えていたのだ。「難しいのは機能を追加することじゃない。どんな機能をつけないかなんだ」と。

ザッカーバーグは「ぶざまで膨れ上がったプログラム」が嫌いだった。シンプルで使いやすいソフトが好みだった。フェイスブックも機能は最小限で「使い方は自分たちで工夫してくれればいい」と考えていた。そのシンプルさが成功の要因だった。ハウスシステムは「やたらでかいシステムで、ほぼ何でもできた」のが敗因だった。両方をよく知る人物サム・レッシンは、そう分析している。

第5話 4th

楽しさを保つには、躍進を抑える時期を持つ。

急成長は負担増でもある

04年5月、フェイスブックは34大学で運用され、ユーザーは10万人に迫っていた。ザッカーバーグはこの頃、サーバーを頻繁に訪れ、10倍の数のユーザーに対応できる能力を常に維持しようと努めていた。ジョナサン・エイブラムズが開発した一般ユーザー向けソーシャルネットワーク「フレンドスター」の二の舞を恐れたからである。

03年2月にスタートしたフレンドスターは1ヵ月経《た》たないうちに数百万人のユーザーを獲得し、「次なるグーグル」と呼ばれた。ところが、ある時期からサーバーがどんどん重くなり、1ページを読み込むのに長い時間がかかるようになって失速してしまったのだ。

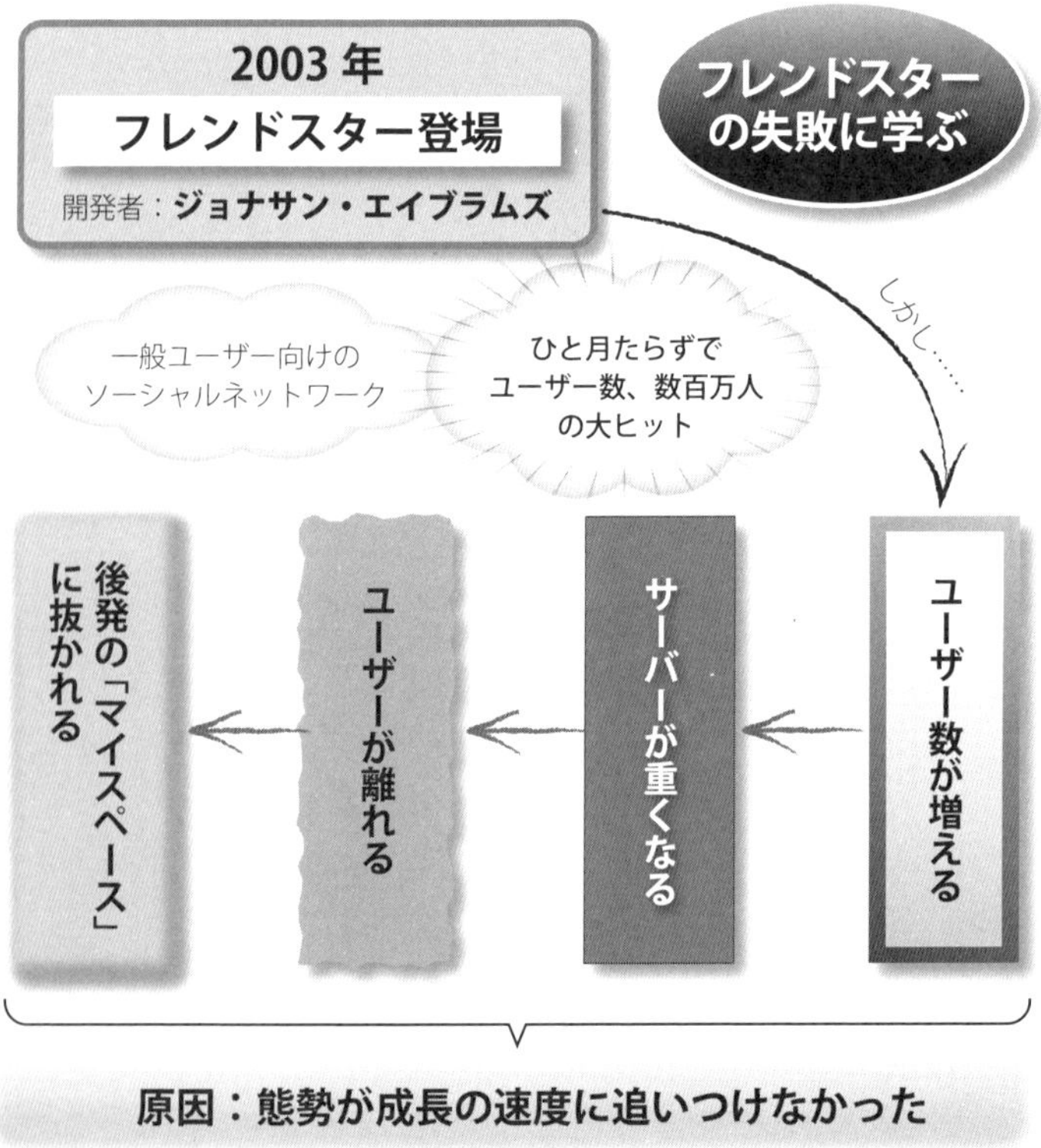
フレンドスターの失敗に学ぶ
2003年
フレンドスター登場
開発者：ジョナサン・エイブラムズ
一般ユーザー向けのソーシャルネットワーク
ひと月たらずでユーザー数、数百万人の大ヒット
しかし……
ユーザー数が増える
サーバーが重くなる
ユーザーが離れる
後発の「マイスペース」に抜かれる
原因：態勢が成長の速度に追いつけなかった

不満ならユーザーは瞬時に見放す

フレンドスターの能力がユーザー数増加の速度に追いつけなかったことが原因だった。フレンドスターではいつも「あと1ヵ月でシステムをスムーズに動かせる」と話し合っていたが、その時期が来た頃には、市場は後発の「マイスペース」のものとなっていた。

ザッカーバーグは「十分なサーバーが用意できず、ユーザーの満足が得られなかったら、そのサービスは瞬時に見放される」と警戒を緩めなかった。

フェイスブックはユーザー数をいくらでも増やせたが、ザッカーバーグは、資金のこと、サーバーのことなどを考えながら慎重に拡大していった。「やみくもに資金を調達して規模を拡大するやり方はしなかった。初期の段階では、ある程度意図的に成長速度を抑えていた」と語っている。成長を抑えたことが、次の爆発的な成長へとつながっていく。

教訓

ユーザーの満足が得られなければ、そのサービスは瞬時に見放される

これらのことを踏まえザッカーバーグは……

10倍の数のユーザーに対応できる能力を常に維持
資金
やみくもに調達しない
サーバー
ユーザー
満足を与える
よーし よーし……
拡張を意図的に抑えつつあえて慎重に拡大
やがて爆発的な成長へ

仕事を仕事と思わないのがイノベーター。

ザッカーバーグは夏休み、パロアルトに家を借りている。そこは彼の聖地だった。ゼロックスのPARCがあり、パロアルトに至る国道にはアップルやグーグル、インテル、ヒューレット・パッカードなどが並んでいた。

ザッカーバーグは、憧れの地で猛烈に働いた。夜通し作業を続けても平気だった。みんなが仕事に熱中している時、誰かがハンバーガーを買いに行こうなどと言えば、テーブルを叩いて「ダメだ。僕らは缶詰モードだ。この作業が終わるまで誰も外に出るな」と命じた。凄まじい集中力だった。

こうした仕事ぶりはフェイスブックが成長してからも同じだった。社員の1人は「働きづめでした。全員が親しい友達でした。仕事を仕事と思っていませんでした。クリスマスも週末も朝まで働きました」と言っている。

12年に提出した株式公開の目論見書の中でザッカーバーグは、フェイスブックの文化を「ハッカー文化」と評している。

ハッカーとはネットで不正を働く犯罪者ではない。高度な知識を持ち、人が思いつかないような創造的な仕事をする人をさす。

ザッカーバーグは、ハッカーそのものだった。仕事に熱中するあまり恍惚《こうこつ》状態となり、隣の人間と会話もしなかったという。

フェイスブックでは6～8週間ごとにマラソンならぬ「ハッカソン」が開かれ、ザッカーバーグ自身も参加したりする。ハッカソンで求められるのは、素晴らしいものを一晩でつくり上げる能力だ。「それはフェイスブックの人格となっている」と言っている。

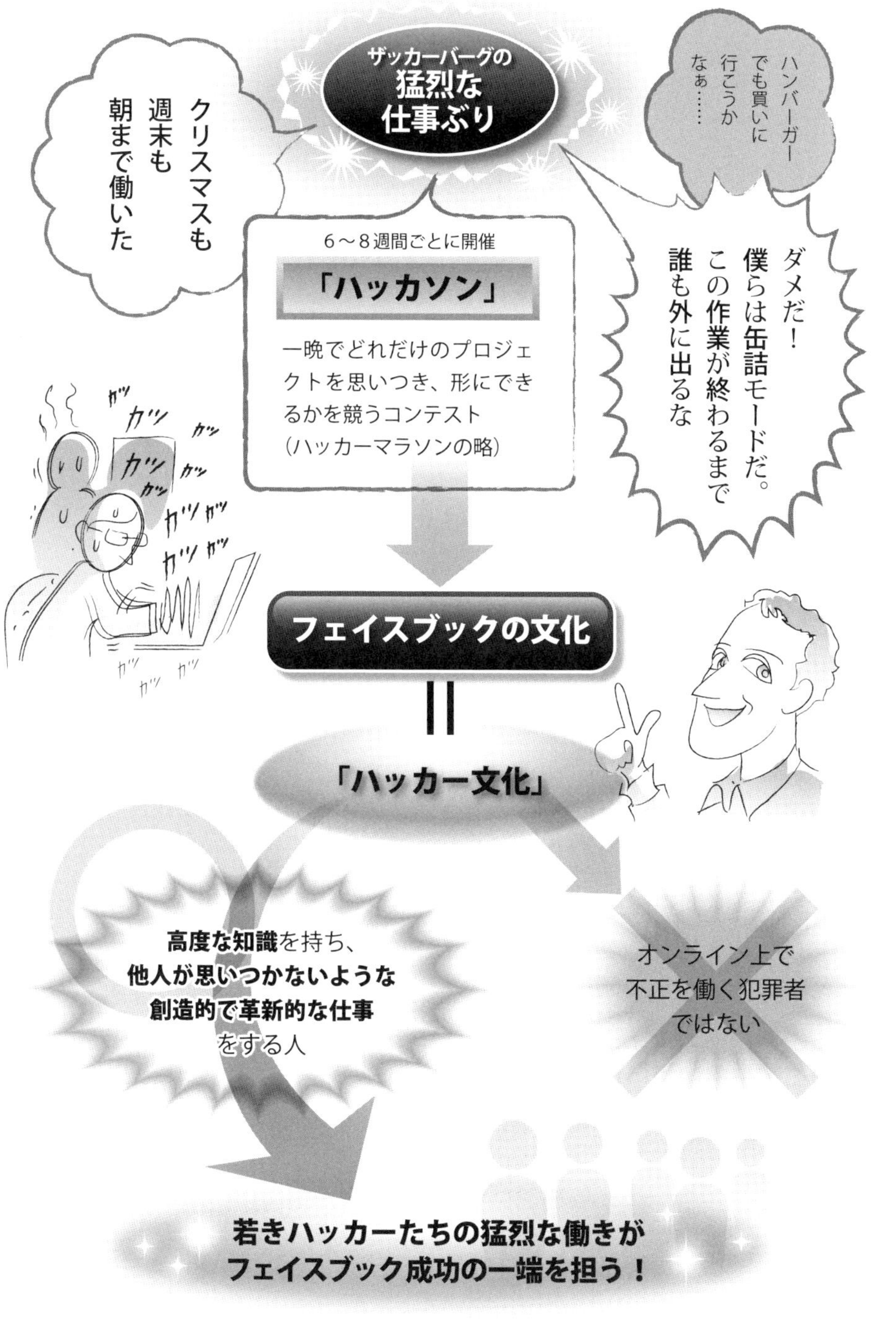
ザッカーバーグの
猛烈な
仕事ぶり
クリスマスも
週末も
朝まで働いた
ハンバーガーでも買いに行こうかなぁ……
ダメだ！
僕らは缶詰モードだ。
この作業が終わるまで
誰も外に出るな
6～8週間ごとに開催
「ハッカソン」
一晩でどれだけのプロジェクトを思いつき、形にできるかを競うコンテスト
（ハッカーマラソンの略）
カツ カツ カツ カツ カツ カツ カツ カツ カツ
フェイスブックの文化
＝
「ハッカー文化」
高度な知識を持ち、
他人が思いつかないような
創造的で革新的な仕事
をする人
オンライン上で
不正を働く犯罪者
ではない
若きハッカーたちの猛烈な働きが
フェイスブック成功の一端を担う！

第7話 4th

タイミングは成功の必要条件。逆らうな、手放すな。

ユーザーがなければ成功もない

今日《こんにち》のソーシャルネットワークは、１９９７年の「シックスデグリーズ」に始まると言われる。登録には実名、事実に基づくプロフィール、既存メンバーによる招待が必要であるなど画期的な試みだったが、失敗した。

理由は、高価なサーバーを買ったこと、ソフトのライセンス料が高かったこと、ウェブ開発に多額の資金を必要としたことなどだ。技術面でもサービスの反応速度が遅すぎた。

しかし、最大の失敗理由は、そもそもインターネットユーザーが少なかったことだ。タイミングが早すぎたのである。

本格的なソーシャルネットワーク時代を開いたのは２００３年の「フレンドスター」だ。

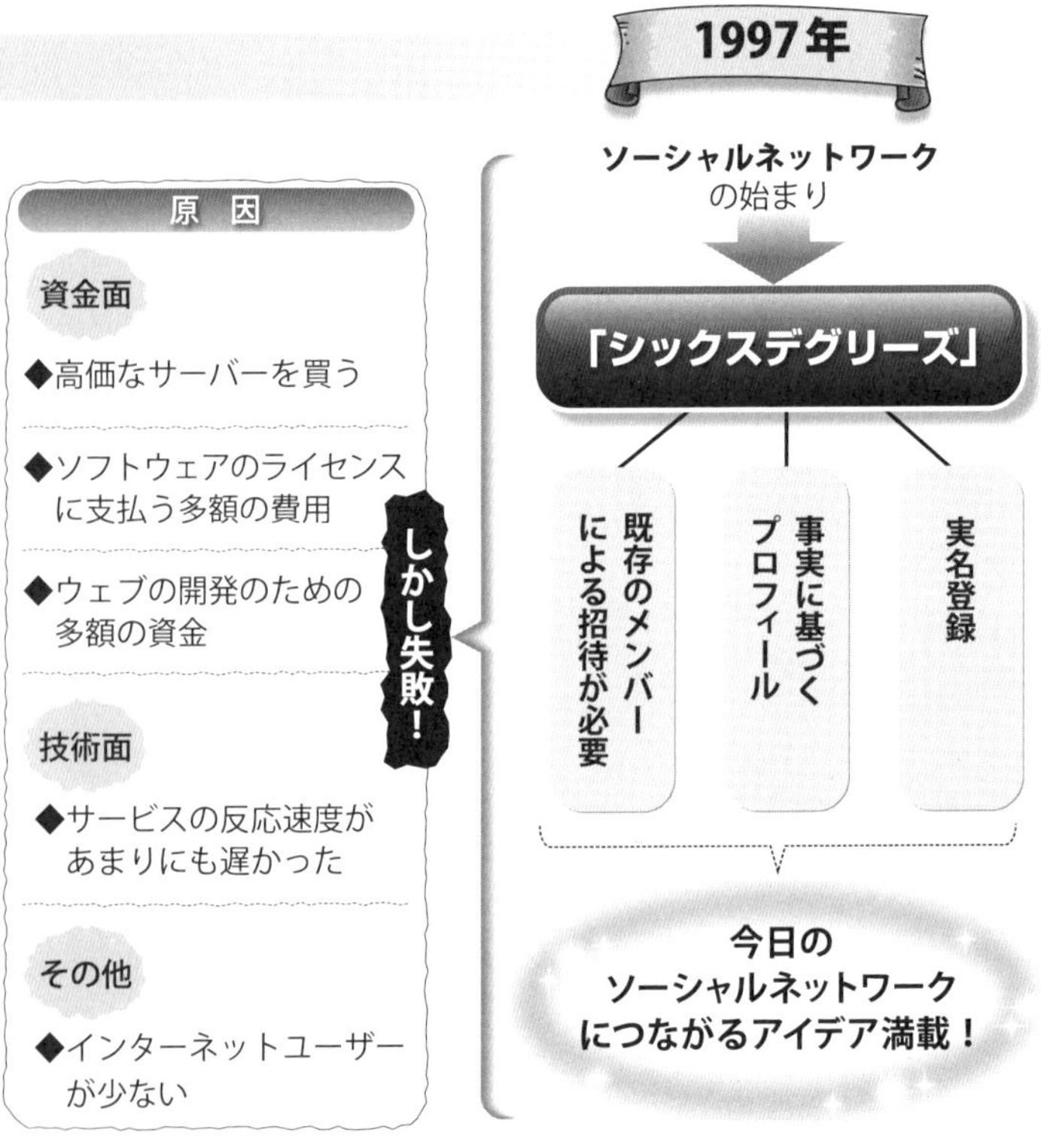
1997年
ソーシャルネットワーク
の始まり
「シックスデグリーズ」
実名登録
事実に基づくプロフィール
既存のメンバーによる招待が必要
今日の
ソーシャルネットワーク
につながるアイデア満載！
しかし失敗！
原　因
資金面
◆高価なサーバーを買う
◆ソフトウェアのライセンスに支払う多額の費用
◆ウェブの開発のための多額の資金
技術面
◆サービスの反応速度があまりにも遅かった
その他
◆インターネットユーザーが少ない

以後、「リンクトイン」「マイスペース」などがサービスを開始した。すでにサーバーは安くレンタルできたし、ソフトのライセンス料も安くなっていた。何よりインターネットユーザーが爆発的に増えていた。

機が熟しつつある時が絶好機

フェイスブックは、まさに機が熟しつつあった時にスタートしたのだ。しかも乱立する他のサービスにはない強みがあった。実名に徹底してこだわるリアルさ、シンプルで使いやすいクールさ、それにハーバード大学の学生だけを対象にスタートしたというステータスの高さである。

ザッカーバーグは自分のビジョン通りに進む行動力も持っていた。それらをまとめて、ショーン・パーカーは「天才だけでは成功できない。運もよくなけりゃダメなんだ」と言い、モスコヴィッツは「彼は絶好のタイミングで絶好の状況に現れた」と評している。

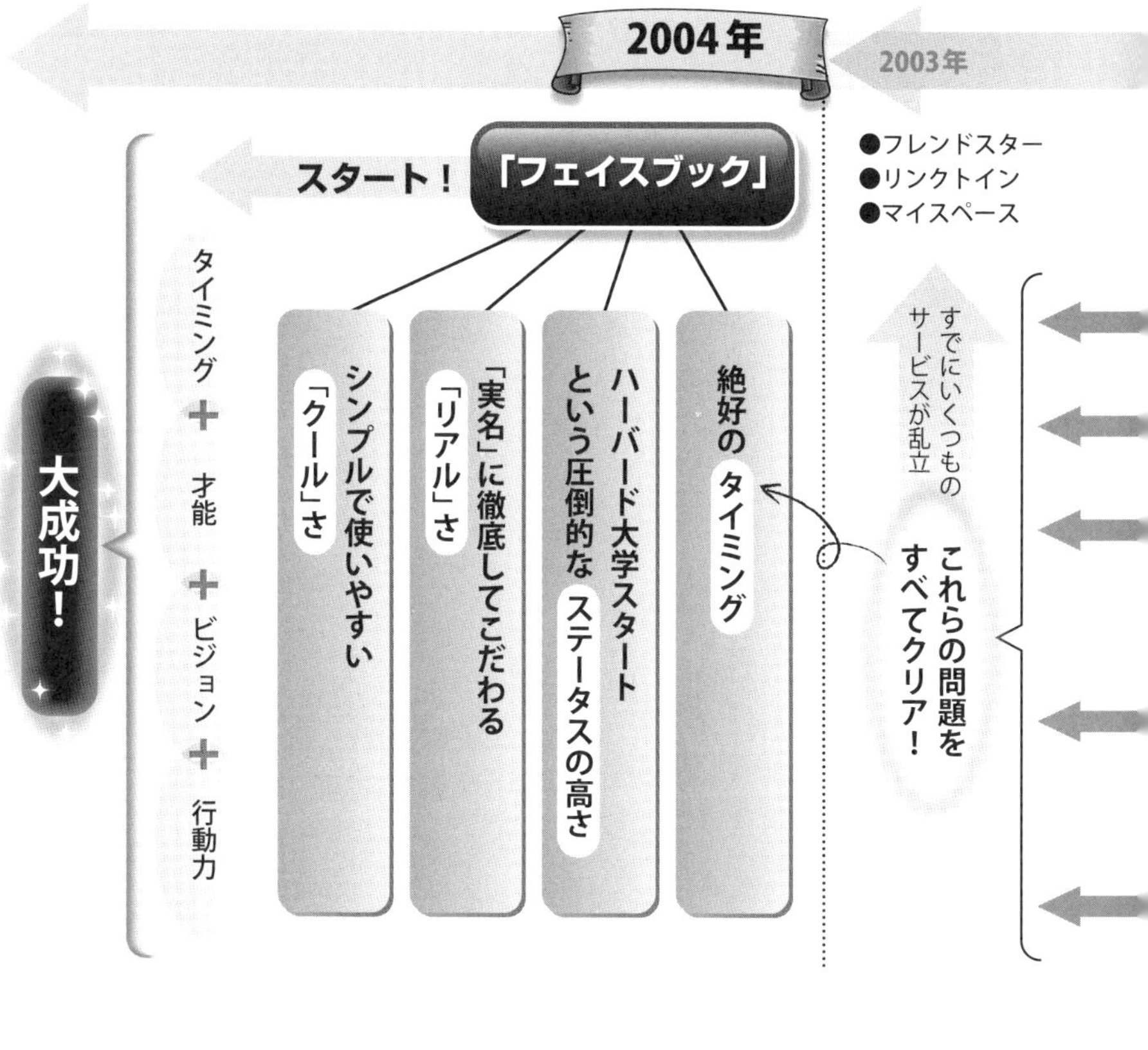
2004年
2003年
●フレンドスター
●リンクトイン
●マイスペース
すでにいくつものサービスが乱立
これらの問題をすべてクリア！
「フェイスブック」
スタート！
絶好のタイミング
ハーバード大学スタートという圧倒的なステータスの高さ
「実名」に徹底してこだわる「リアル」さ
シンプルで使いやすい「クール」さ
タイミング＋才能＋ビジョン＋行動力
大成功！

常識がなければ常識をつくるのがイノベーション。

正しいと考えることを行うだけだ

フェイスブックは徹底した実名登録主義が特徴だ。架空の誰かをつくったり、複数の自分を使い分けたりすることを許さない。「2種類のアイデンティティを持つことは不誠実さの見本」と言い、実名だからこそ信頼のネットワークが築けると考える。

もちろん、実名主義には不利益も伴う。たとえば04年のハーバード大学入学式で、学長は「フェイスブックのおかげで諸君の多くとはすでに知り合いになっている」と挨拶した。新入生は新たな友人に向けてフェイスブックに投稿したのだが、学長もそれを見ていたわけだ。うかつなことは書けなくなる。

実際、フェイスブックへの投稿が原因で別れる人もいる。アップした情報が採用や評価に思わぬ悪影響を及ぼすこともある。居心地の悪さを感じる人も多いはずだ。

もっとも、ザッカーバーグは「それは、そんなことをしたそいつが悪い」とそっけない。ネット上でも現実と同じ人間として行動すべきであり、過去を隠す必要もないと、こう話している。「過去に戻って事実を変えることはできない。できるのは自分が正しいと考えることを行って前に進むことだけだ」。

遊びがビジネスになる時

信頼できる実名登録のネットワークが9億人のユーザーを結ぶようになると、そこには

実名登録主義
2種類のアイデンティティを持つことは不誠実さの見本である
「信頼」を前提としたネットワークの構築
世界中で9億人を超えるユーザーを獲得
広告価値が高まる
書き込みが原因で別れた！
採用や評価に影響する！
居心地の悪さを感じる人
不利益をこうむる人
それは、そんなことをしたそいつが悪い
信頼できる紹介者は、広告の至高の目標なのです

お金も生まれることになった。

リアルの世界でも口コミはきわめて強い。家族や友人、知人からの「あれはいい」「あれは最低だ」という情報は、他人からの情報や宣伝とは比較にならない影響力を持つ。

ネットの世界では、その広がりと伝達スピードは、リアルをはるかにしのぐ。

つまり、信頼できるソーシャルネットワークは、そのまま強力な広告媒体になるのだ。ザッカーバーグも「信頼できる友達から勧められることほど、人に影響を与えるものはない。信頼できる紹介者は、広告の至高の目標なのだ」と誇るようになった。

フェイスブックのイノベーションは、実は長い時間をかけて信頼を獲得したことでもたらされたといえる。匿名のほうが速く多くのユーザーを獲得できたかもしれないが、そこに信頼は生まれない。

実名利用がユーザー間の常識になるまでこだわったザッカーバーグの勝利だった。

第9話 4th

性善説に立とう。面白いビジネスができる。

イノベーターたちがインターネットの爆発的な成長に何を見出したかは千差万別だ。

スティーブ・ジョブズは「インターネットは音楽を運ぶために生まれてきた」と言って、iＰｏｄを生み出した。ジェフ・ベゾスは「地球最大の書店をつくれる」と感じて、アマゾンの創業に至った。ラリー・ペイジたちはネットを人と情報をつなぐ道具と考えて、検索エンジンのグーグルを開発した。

では、ザッカーバーグはどうだったのか。

10年にザッカーバーグは雑誌『タイム』の「今年の人」に選ばれているが、その時の対抗馬は「ウィキリークス」を創設したジュリアン・アサンジだった。共に情報の開示と透明性を追求している2人だが、スタンスは対照的である。

アサンジは「世界を現実の敵、または仮想の敵で満ちている場所」と見て、ネットを「攻撃のための武器」と考えた。しかし、ザッカーバーグは「世界を潜在的な友人で満ちている場所」と見て、ネットを「人と人をつなぎ、人にパワーを与える道具」だと考えた。

ザッカーバーグは「人間は本能的につながりたい生き物だ」「ネットは人と人をつなげる道具であって、それ以上でも以下でもない」と言っている。

テクノロジーの発達は人を孤立させる傾向があるが、ザッカーバーグは逆に考えた。人は、誰も自分を気にかけてくれないと感じたら、生きていくのがつらくなる。ザッカーバーグの凄さは、ネットで人間の孤独感を解消できると考えたところにある。

インターネットによる
イノベーションの方向
『インターネットは〇〇〇』
「音楽を運ぶために
生まれてきた」
「人と情報を
つなぐ道具」
「地球最大の書店
をつくれる」
スティーブ・ジョブズ
☞iPodを生み出す
ジェフ・ベゾス
☞アマゾンの創業
ラリー・ペイジ
サーゲイ・ブリン
☞Googleで最高
の検索エンジン
「世界を潜在的な友人で
満ちている場所」と見て……
「人と人をつなぎ、人に
パワーを与える道具」
「世界を現実の敵、または仮想の
敵で満ちている場所」と見て……
「攻撃のための武器」
マーク・ザッカーバーグ
☞フェイスブック
ジュリアン・アサンジ
☞「ウィキリークス」
を創設
11億人を超える
ユーザーが証明している

第10話 4th

とにかく早く。人真似はそれ自体遅れている。

失敗覚悟で先手を打つ

ザッカーバーグのモットーは「ムーブ・ファスト（素早く動く）」だ。半端な速さでは変化の激しいネットの世界では置いていかれる。人真似もダメだ。後追いをすること自体、遅れている。失敗してもいいから、覚悟の上で先手を打ち、新サービスを導入する。

06年、ザッカーバーグはフェイスブックに新機能「ニュースフィード」を導入した。出かけたり、写真をアップしたりすると、それを自動的に友達全員に知らせるのだ。気にかけている人が今どうしているかを教える優れたサービスだと考えたが、開始と同時にプライバシーの侵害を叫ばれ、「反対する会」に数十万人が集まってしまう。

ザッカーバーグが
大切にしていること
「Move fast」
変化の激しい
ネットの世界で不可欠な
素早い決断と迅速な行動
反発は覚悟の上で
先手を打って新しいサービスを
導入するスタイル

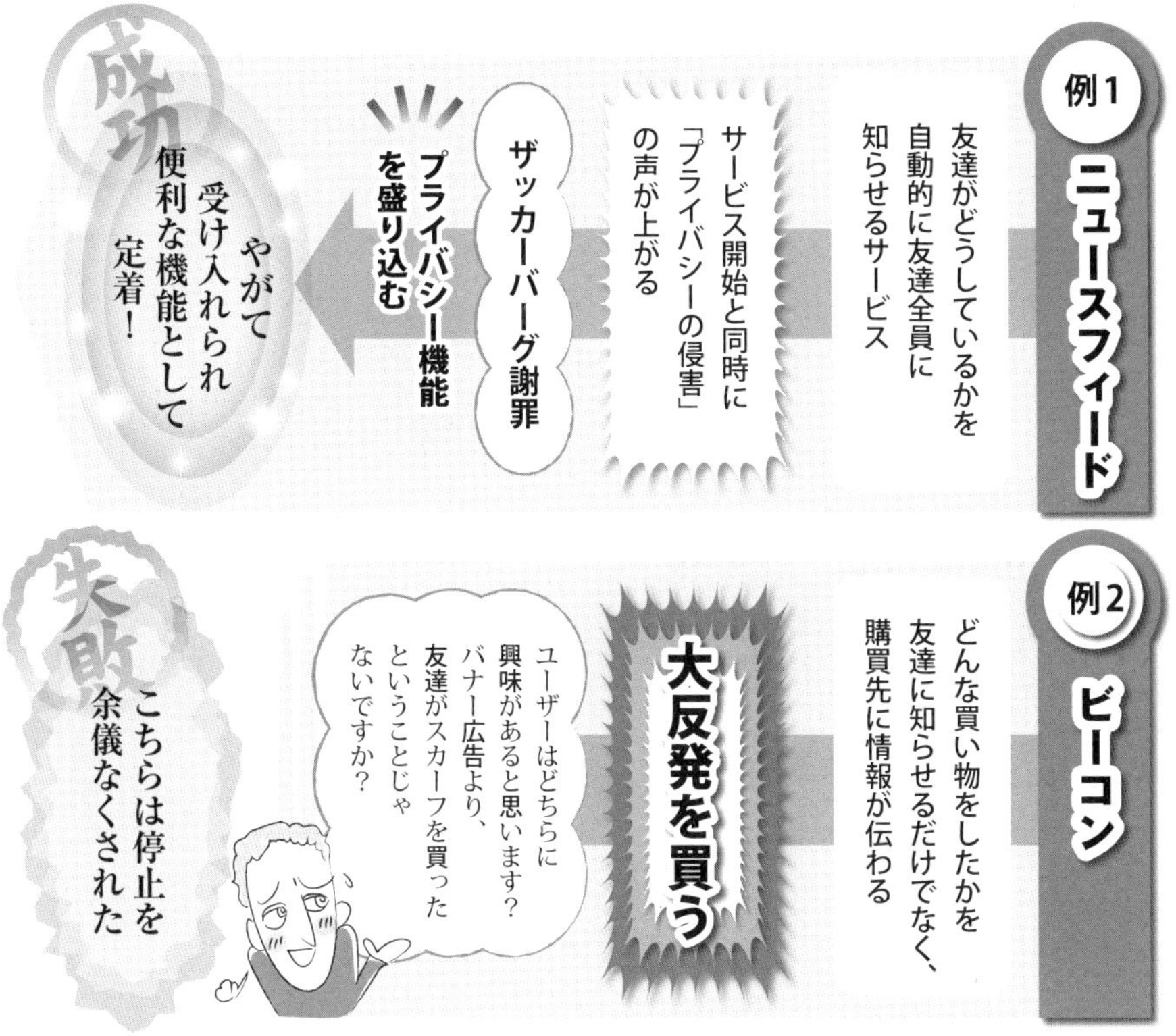
例1
ニュースフィード
友達がどうしているかを
自動的に友達全員に
知らせるサービス
サービス開始と同時に
「プライバシーの侵害」
の声が上がる
ザッカーバーグ謝罪
プライバシー機能
を盛り込む
成功
やがて
受け入れられ
便利な機能として
定着！
例2
ビーコン
どんな買い物をしたかを
友達に知らせるだけでなく、
購買先に情報が伝わる
大反発を買う
ユーザーはどちらに
興味があると思います？
バナー広告より、
友達がスカーフを買った
ということじゃ
ないですか？
失敗
こちらは停止を
余儀なくされた

ザッカーバーグはすぐに謝罪した。その上でプライバシー機能を盛り込んだ。やがてニュースフィードは受け入れられ、便利な機能として定着することとなった。

提案型開発がイノベーティブ

07年に導入した「ビーコン」は、どんな買い物をしたかを友達に知らせ、同時に購買先にも情報が伝わるサービスだった。これも大変な反発を買ってしまう。

ザッカーバーグは未練たっぷりに「ユーザーはバナー広告より、友達がスカーフを買ったということのほうに、親近感を持つんじゃないですか?」と訴えた。だが、ついに停止を余儀なくされている。

ザッカーバーグは他社の動きやユーザーの要望を元に開発するのではなく、「こんなのはどうですか」と先へ先へと提案していく。時に大きな反発も受けるのは、イノベーターであることの代償である。

第11話 4th

改革者が経営上手とは限らない。プラスアルファの力が必要。

若者がCEOになる3つの条件

イノベーターが優れたCEOであるとは限らない。経営はプロに任せ、創業者であるイノベーターは得意とする製品づくりに専念するのが、一般的には成功の近道といえる。

ところが、ザッカーバーグは20代と若く、経営の経験もないのに、創業から今日に至るまでCEOであり続けている。

その理由は3つあげられる。

1つは、ファイル共有サービス「ナップスター」の開発者ショーン・パーカーの存在だ。パーカーは革命的な製品をつくりながら、いつも投資家とのトラブルで会社を追い出されている。その体験談はザッカーバーグの大きな教訓になった。また、パーカーはフェイス

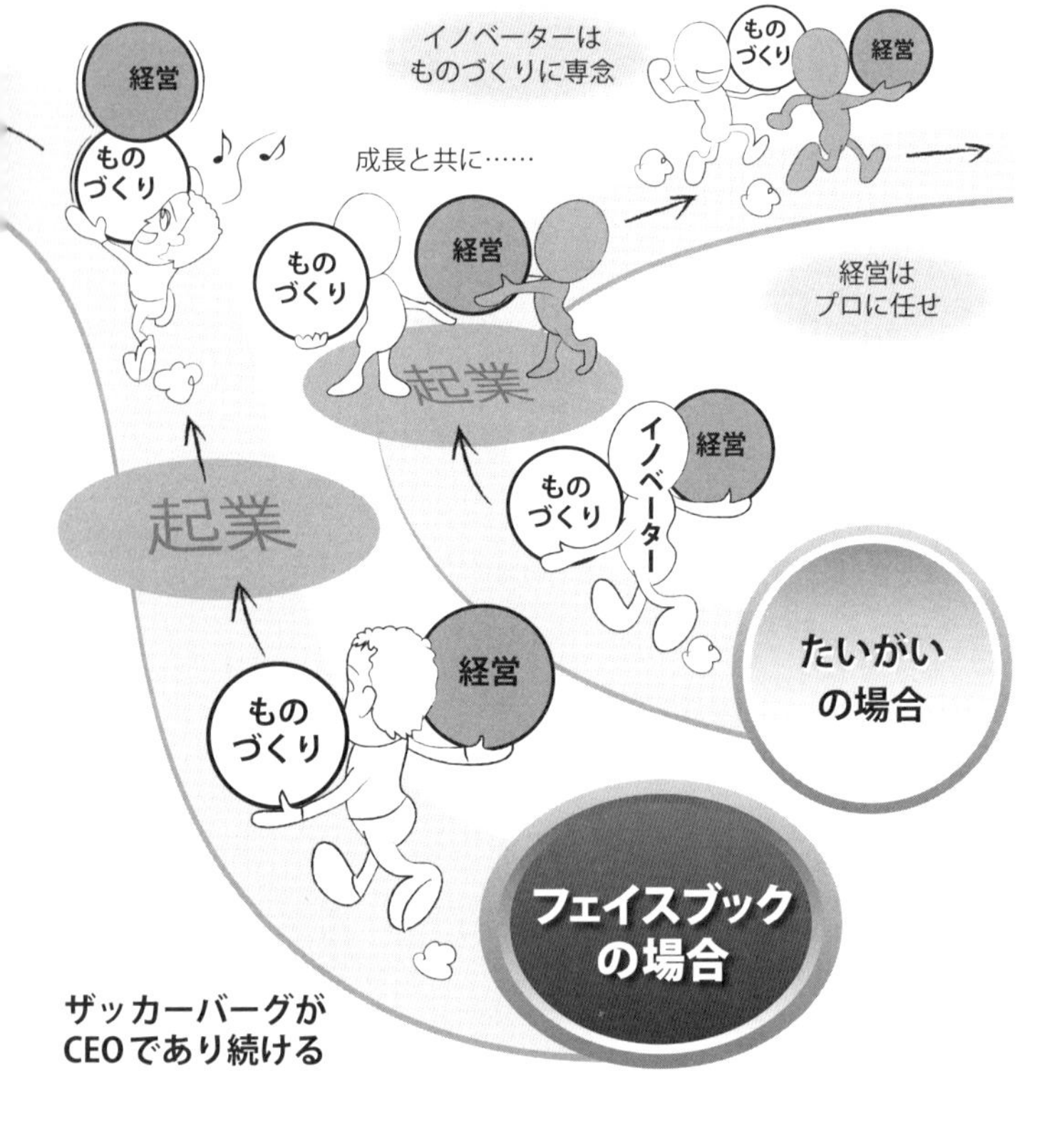

イノベーターはものづくりに専念
もの づくり
経営
成長と共に……
経営はプロに任せ
起業
イノベーター
たいがいの場合
フェイスブックの場合
ザッカーバーグがCEOであり続ける

君が多少の失敗をしても
それを取り返し、
学ぶチャンスを与えるために
君の背中を守ってやる
Thank you!
CEOとして
成長！
2006年
ヤフーの買収の
申し入れを断る
好判断
ナップスター
ショーン・パーカー
が後ろ盾
尊敬する
ワシントン・ポストの
ドン・グレアムのもとで
4日間の実地訓練
経営
ものづくり
ピーター・ドラッカー
の本で経営の勉強
「世界を変えたければまず自分が変わらねばならない」
マハトマ・ガンジーの
言葉に刺激を受ける
CEO
ザッカーバーグの
修業

ブックの社長を務めたこともあり、ザッカーバーグが会社を追い出されない強固な体制づくりを行っている。「君が多少の失敗をしてもそれを取り返し、学ぶチャンスを与えるために君の背中を守ってやる」と言った。

世界を変えるにはまず自分が変わる

もう1つは、ザッカーバーグが「世界を変えたければまず自分が変わらねばならない」というマハトマ・ガンジーの言葉に刺激を受けて思索を重ね、ピーター・ドラッカーの本なども読んで経営の勉強をしたことだ。尊敬するワシントン・ポストCEOのドン・グレアムと4日間、行動を共にし、考え方や行動の仕方を実地で学んだりもしている。

3つ目は、06年にヤフーから10億ドルで買収を申し入れられ、幹部や社員たち全員が「売りたい」と考えた時に「ノー」を貫いたことだ。ザッカーバーグが正しい決断のできるCEOであることを示したできごとだった。

面白い仕事に専念するために、利益にも目配りを。

「お金儲け」より、
「クールなものをつくる」
ことに強い関心を持つ
その気になればすぐに
お金儲けはできる
高校時代につくった
音楽再生ソフト
シナプス
マイクロ
ソフト
100万
ドル
AOL
COOL!
お金儲け
本当はシナプスじゃなく
僕たちをスカウトすることが
狙いだったからさ
オファーをすべて断る

「楽しさ」をお金より重んじる

ザッカーバーグの関心は、お金を儲けることより「クールなものをつくる」ことに向いている。天才的なプログラマーだから、早くから大金を手にするチャンスを得ていたが、すべて断っている。

高校時代に音楽再生ソフト「シナプス」をつくって評判になった時も、マイクロソフトやAOLなど多くの会社から買収を持ちかけられたが、答えはすべて「ノー」だった。「あちした会社の狙いは、本当はシナプスじゃなくて、僕たちをスカウトして働かせること」だったからだと理由を説明している。

ザッカーバーグは「お金よりも、よりよい世界を」という価値観を強烈に持っていた。

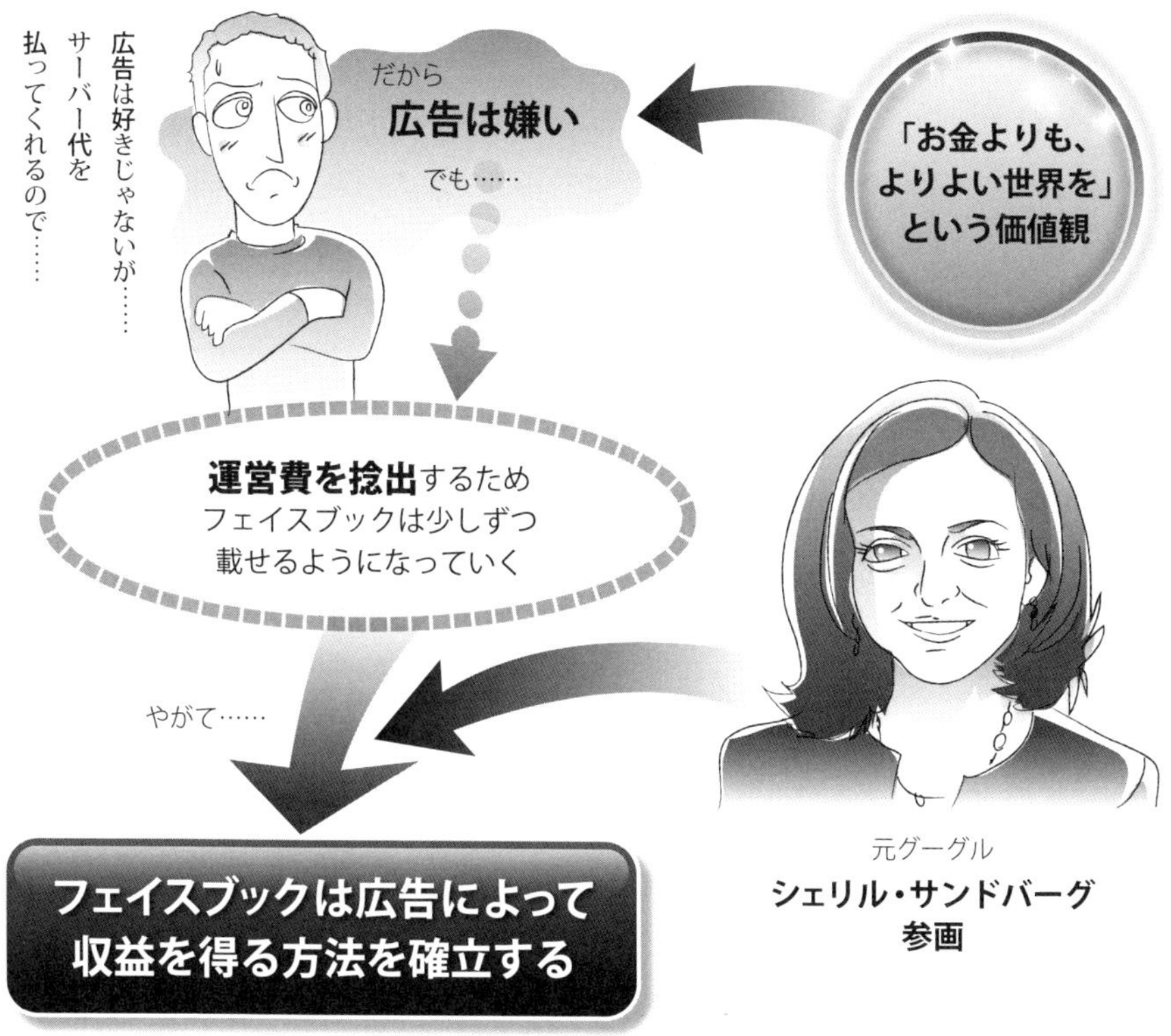
広告は好きじゃないが……
サーバー代を
払ってくれるので……
だから
広告は嫌い
でも……
「お金よりも、
よりよい世界を」
という価値観
運営費を捻出するため
フェイスブックは少しずつ
載せるようになっていく
やがて……
フェイスブックは広告によって
収益を得る方法を確立する
元グーグル
シェリル・サンドバーグ
参画

フェイスブックも儲ける場所ではなく、ユーザーに楽しんでもらうプロジェクトでなければならなかった。

お金は好き嫌いを超越する

もっとも、ユーザーが増えれば運営経費などが負担になることも理解しており、「将来は、運営経費を取り返すために広告を掲載することになるかもしれない」と認めている。

そして実際、運営費を捻出するためにフェイスブックに広告を少しずつ載せるようになっていく。しばらくは「広告は好きじゃないがサーバー代を払ってくれるので」という言葉を広告につけるほどの広告嫌いだった。

ビジネスの拡大には収入が欠かせないが、広告は嫌い。この矛盾は、グーグルからシェリル・サンドバーグがフェイスブックに移ってきたことで一応の決着をみる。フェイスブックは広告によって収益を得る方法を確立することになったのだ。

第13話 4th

価値観の違う人とでは面白い会社はつくれない。

CEOの大切な役目
★とびきりの人材をスカウトする
★社内の落ちこぼれを排除していく
★働かない人間がいたら、ためらわず更迭する
★急成長中の会社が常に正しい人材だけを雇うのは不可能。選択を間違えた場合はすぐに処置するのが最善の策
なるほど……
ザッカーバーグの師匠役
マーク・アンドリーセン
ジョブズ

排除もCEOの仕事の1つ

ザッカーバーグに影響を与えたスティーブ・ジョブズは「CEOの大切な役目の1つは、とびきりの人材をスカウトすることと、社内の落ちこぼれを排除していくことだ」と言った。ザッカーバーグの師匠役マーク・アンドリーセンは「働かない人間がいたら、ためらわず更迭《こうてつ》するのがCEOの仕事だ。急成長中の会社が常に正しい人材だけを雇うのは不可能。選択を間違えた場合はすぐに処置するのが最善の策だ」と言った。

辞めさせる時はためらわない

ザッカーバーグは自分が若き天才だっただけに、若いほうが優れているという信条を持っていた。「チェスの名人がみんな20代なのは偶然じゃない」と言い、若くて創造性あふれる人材を望んだが、採用は難しかった。注目企業ではあっても、20歳そこそこのCEOが率いる企業に将来を託す人はそういない。

そこでザッカーバーグは、新卒者よりも中退して入社するくらいがちょうどいいとも考え始めた。また、幹部のスカウトにも力を入れるようになった。

しかし、せっかくスカウトした人材もザッカーバーグと対立して辞めることが少なくなかった。幹部が次々と入れ替わる様子は、「止まらない回転ドア」とも言われた。スカウトされた幹部とザッカーバーグの間には価値観の違いがあったのだ。幹部はいかにして手っ取り早く儲けるかを重視していた。

企業が成長するには正しい企業文化が必要だ。人の採用も退社も大変な試練だったが、価値観にこだわり、躊躇《ちゅうちょ》なく人を辞めさせたからフェイスブックは成長したといえる。

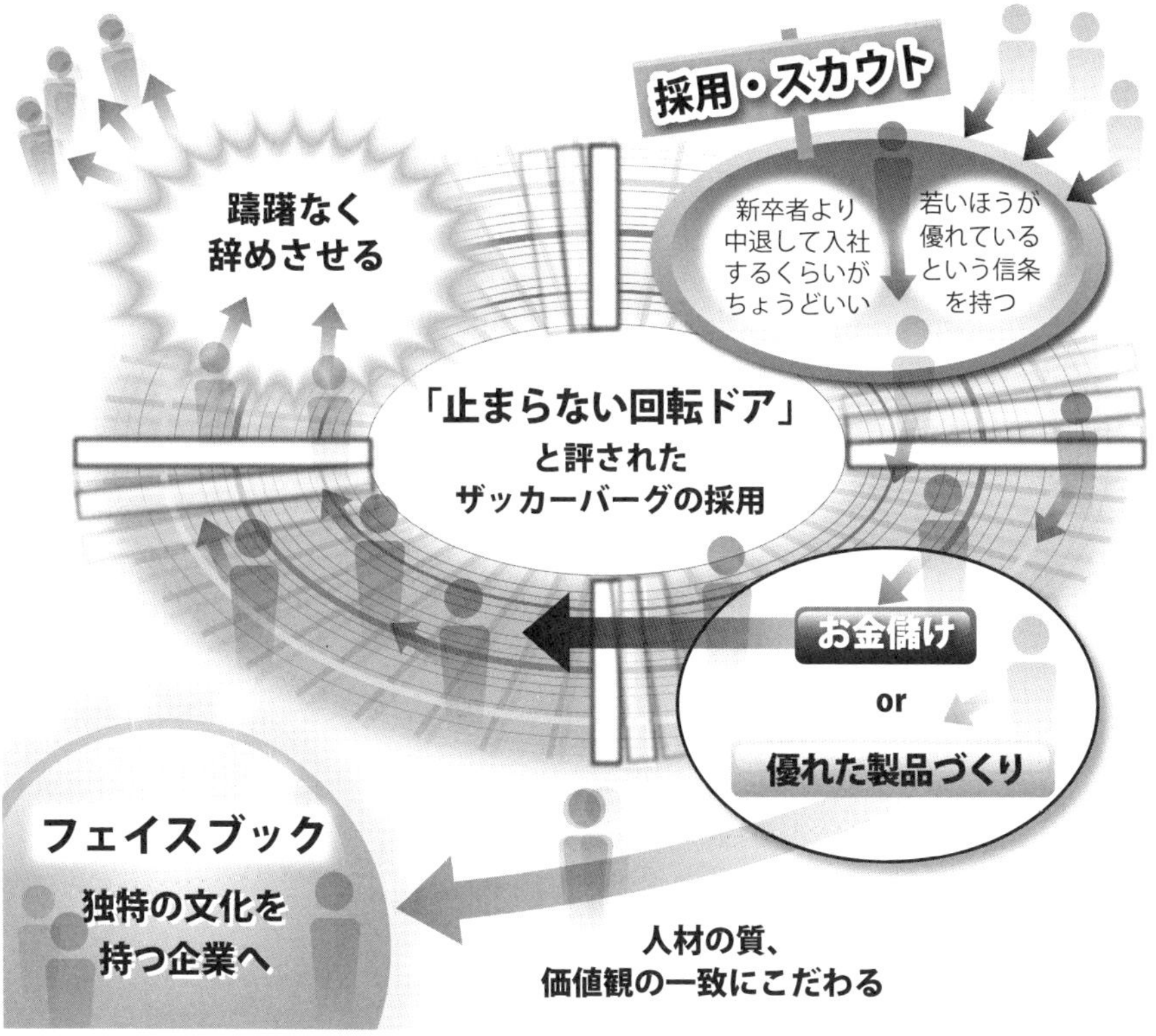
採用・スカウト
新卒者より中退して入社するくらいがちょうどいい
若いほうが優れているという信条を持つ
躊躇なく辞めさせる
「止まらない回転ドア」と評されたザッカーバーグの採用
お金儲け
or
優れた製品づくり
フェイスブック
独特の文化を持つ企業へ
人材の質、価値観の一致にこだわる

第14話 4th

Innovation

自己実現のためには「ノー」を言い続ける。

ザッカーバーグは高校時代につくった「シナプス」をマイクロソフトやAOLから「買いたい」と言われても、あっさりと断った。

同じように、フェイスブックに対する投資話や買収話にも「ノー」を言い続けている。

05年、メディアグループのバイアコムは、7500万ドルでフェイスブックの買収を持ちかけて断られ、諦めきれずにマイケル・ウルフという人物に交渉を任せた。

ウルフがザッカーバーグに「いくらだったら売るか」と単刀直入に聞くと、答えは「少なくとも20億ドル」だった。当惑するウルフを、ザッカーバーグは自分のアパートに案内した。散らかった部屋にマットやランプが置いてあるだけだった。「僕のアパートを見ただろ。金は要らないんだ。これから一生かけても、フェイスブックみたいなアイデアは2度と思いつけないだろう」と言った。

それを聞いてウルフは「20億ドル」の意味がわかった。「20億ドルで売る」ではなく、「20億ドルでも売る気はない」だったのだ。

しばらくしてバイアコムは15億ドルの買収提案を文書で送ったが、ザッカーバーグは返事すら出さなかったという。

ある人が「君はフェイスブックを何かの実現手段としているのか」と聞いた時も、ザッカーバーグの答えは明快だった。「いや。フェイスブックをつくっていくのが僕にとってはすべてだ」。

大切なのは大金を手にすることではない。フェイスブックという最高のアイデアをどこまで育てられるかを自分で確かめたいのだ。

20億ドルくれると言っても売る気はない！
投資話
Microsoft
AOL
買収話
売ってくれ！
7500万ドルで
YAHOO!
いくらなら？
MTV
15億ドルで
シナプス
フェイスブック
ザッカーバーグにとって大切なこと
フェイスブックという最高のアイデアを大きく育てていくこと
大金を手にすること

第15話 4th Innovation

イノベーションは長い旅。変化そのものを楽しむ。

ザッカーバーグの理想
世界にもっと透明性を加えることが必要だ！そのためには、情報の共有を広げることが必要だ！
フェイスブックの成功
実名でつながり、信頼のネットワークで世界のあり方も変わっていく
理想実現も可能かも！

株式公開は常にいいことか？

フェイスブックにはザッカーバーグの「世界にもっと透明性を加える」という理想が色濃く反映されている。

情報の共有を広げ、人々が実名でつながり、信頼のネットワークが築かれれば、世界のあり方が変わり、理想が実現するかもしれない。こうした理想があるだけに、ザッカーバーグは売上や利益を上げる方法をなかなか考えなかったし、株式公開も急がなかった。

多くの起業家にとって株式公開は到達点だが、ザッカーバーグには不安要素だった。

旅はまだ1%が終わっただけ

不安の1つ目は、日々の株価の動きに追い

我々が今やっていることは、まだ始まりにすぎない。この旅はまだ1%が終わっただけだ
不安要素
株式公開で大金を得ること
社員が、お金儲けに喜びを見出すようになってしまう恐れ
株価に追い回され、社会的使命の達成が後回しになってしまう恐れ
社員や幹部が馬鹿騒ぎを引き起こし、仕事への集中力を低下させる恐れ
「ギビング・プレッジ」に署名
年俸１ドルのCEOとなり、持てる資産の大半を慈善活動に寄付する
社員たちが自己満足に陥ることは何としても避けたい

回され、社会的使命の達成が後回しになってしまう恐れがあることだ。

２つ目は、社員の考え方が変わってしまうことだ。大金を手にすると社会的使命よりも金儲けに喜びを見出すようになってしまう。

３つ目は、たいていの企業で株式公開は社員や幹部たちの馬鹿騒ぎを引き起こしていることだ。仕事への集中力が低下する。

ザッカーバーグは株式公開を前に「我々が今やっていることは、まだ始まりにすぎない。この旅はまだ1％が終わっただけだ」と訴えた。社員たちが自己満足に陥ることは何としても避けたかったのだ。

さらに、年俸1ドルのCEOとなって、持てる資産の大半を慈善活動に寄付する「ギビング・プレッジ」にも署名した。得た富を自分のためにではなく、世界の誰かのために使うということだ。

改革の目的は改革を続け、広げることにあるのかもしれない。

世界のカップヌードル

感動は原動力になる

日清食品創業者の安藤百福氏は、世界の食文化にイノベーションを起こした人物だ。

１９５６年、理事長を務めた信用組合の倒産などで財産を失い、無一文となった安藤氏は、独力で即席麺の開発を始めた。

麺に関する知識はなかった。戦後の大阪の闇市《やみいち》で、ラーメンの屋台に並ぶ人々を見て「一杯のラーメンに人々はこんなに努力するのだ」と感動した。その思いが原動力となり、「家庭でお湯があればすぐに食べられるラーメンをつくりたい」と真剣に考えるようになったのだ。

数々の試行錯誤を経て「チキンラーメン」ができた時、安藤氏は48歳になっていたが、努力のかいあってチキンラーメンは日本で爆発的にヒットする。

2番目のイノベーションで世界へ

66年、チキンラーメンを世界へ広めようと米国に出張した安藤氏は、ある光景を目にした。現地人がチキンラーメンを2つに割り、紙コップに入れ、お湯を注いでフォークで食べ始めたのだ。確かに欧米人は丼《どんぶり》など使わない。即席麺を世界商品にするには麺を最初からカップに入れてフォークで食べられるようにすればいい。

これがカップヌードルのヒントになった。

帰国後、安藤氏はカップヌードルの開発に着手した。当然、たくさんの壁があったし、反対意見も少なくなかった。

「袋麺が25円なのに定価１００円は高すぎる」「立ったまま食事をするのは日本古来の良風美俗に反する」などと言われ、最初はスーパーや小売店が扱ってくれなかった。

安藤氏は百貨店や遊園地、警察、消防庁、自衛隊といったルートを開拓、さらに銀座の歩行者天国で試食会を開くなどの工夫を続けた。その結果、ちょうど銀座に1号店がオープンしたマクドナルドと共に新しい食文化として受け入れられたのだ。

71年に発売されたカップヌードルはやがて米国でも発売され、やがて日本生まれの世界食として広がることとなった。

第5章

[アップル]

スティーブ・ジョブズのビジョン型イノベーション

——要は「夢」だ

Apple

第1話

5th

潜在需要を信じる。見えるニーズは見なくていい。

惚れ込むことがイノベーションの条件の1つ

1976年、スティーブ・ジョブズと年長の友人スティーブ・ウォズニアックはアップルを設立した。売り物の「アップルⅠ」はいいパソコンだった。初のパソコンとされる「アルテア」のチップ（集積回路）は179ドルもしたが、アップルⅠは20ドルのチップで高性能を実現していた。アップルⅠをつくったウォズニアックはまさに天才だった。

だが、どこも商品化には興味を示さなかった。ジョブズは、大きな商売にならなくても友人たちにいくつか売れればいいとアップルをつくったのだ。2人とも別の会社で働いていて、アップルは副業だった。

ところがアップルⅠは予想以上に売れ、ウォズニアックが「アップルⅡ」をつくった頃から風向きが変わる。アップルⅡの素晴らしさに年長の資産家マイク・マークラが惚《ほ》れ込み、経営に加わったのだ。アップルは株式会社になった。

昔の自分を思い出すと潜在需要が見えてくる

一方で、ジョブズはアップルⅡに不満だった。当時のパソコンは基板で売られ、ユーザーが自分でケースやキーボードなどを別に買って組み立てるマニア向け。当初のアップルⅡも同様だった。ジョブズは潜在的なユーザーが膨大にいると考えたのだ。

「コンピュータを組み立てたいと思うハード

アップルⅡ 開発にあたり……
ジョブズの思い
潜在的なユーザー
1人：1000人
自分で組み立てて使いたい人
ハードウェア オタク
プログラミングはちょっとやってみたいという人
10歳の時の自分の姿
こっちの人たちにたくさん売りたい！
アップルⅡを、おしゃれなプラスチックケースに入れた
コンピュータを基板で売る当時としては画期的な発想
パソコンの最初の一里塚となる！
大ヒット！

ウェア オタク1人に対して、そこまではできないがプログラミングくらいやってみたいという人が1000人いる。なぜなら、10歳の時の私がそうだったからだ」と言っている。

ユーザーを広げるためには、パソコンを電化製品のような完成品にすることが必要だった。ジョブズはアップルⅡをプラスチックケースに入れ、電源を入れればすぐ使えるようにした。当時としては画期的な発想だった。ケース入りのアップルⅡは大ヒットとなりパソコンの最初の一里塚となった。

ジョブズのイノベーションの第一歩は、みんながパソコンをマニア向けだと思っていた時に潜在的なユーザーがいると信じたことから始まっている。

その後もジョブズはパソコンを愛し、イノベーションを続けた。パソコンのマッキントッシュだけでなく、iPad、iPhone、iPodといった革新的な製品で世界を変えることになるのである。

第2話 5th Innovation

当たり前のものをガラリと変えてみせる。

「そんなところまでやる?」のが改革

「今あるもの」「みんなが当然と思うもの」に「なぜ?」と疑問をぶつけ、周囲を慌てさせるところからイノベーションが始まることは少なくない。

ジョブズは、アップルⅡに別の不満も持っていた。電源装置が熱くなり、それを冷却するファンの音が騒々しかったのだ。ジョブズは静かなマシンをつくるために、熱くならない電源装置を探した。ショップでは見つからず技術者に頼んだ。法外なギャラを吹っかけられたが呑《の》み、小型軽量で熱の発生も少ない電源を数週間で開発させた。マシンの小型化、ファンレス化の大きな一歩だった。

当時、誰もがファンの音はうるさくて当然

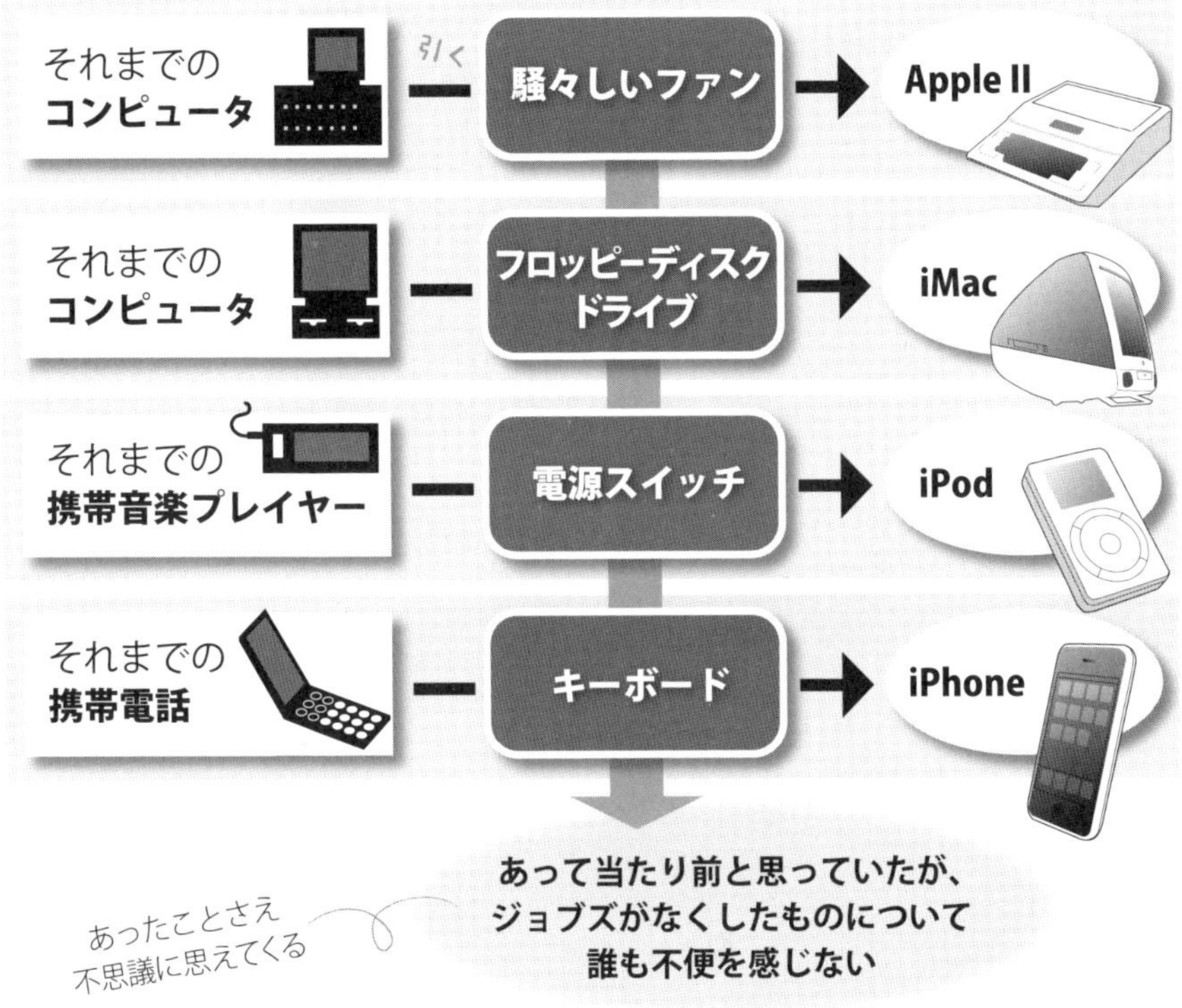
それまでの
コンピュータ
引く
騒々しいファン
Apple II
それまでの
コンピュータ
フロッピーディスクドライブ
iMac
それまでの
携帯音楽プレイヤー
電源スイッチ
iPod
それまでの
携帯電話
キーボード
iPhone
あって当たり前と思っていたが、
ジョブズがなくしたものについて
誰も不便を感じない
あったことさえ
不思議に思えてくる

だと思っていた。それを気にし、何とかしたいと考えたのはジョブズだけだった。

あって当然のものを取ってみる

ジョブズは一度アップルをクビになり、約10年後に復帰するが、それからも「なぜ?」は続く。一世を風靡《ふうび》したiMacでは、当時の記録メディア、フロッピーディスクドライブを外している。ジョブズの判断を危ぶむ声も多かったが、市場に出ると、iMacはフロッピーなしで飛ぶように売れた。

ジョブズはiPodでは電源スイッチをなくしたし、iPhoneでは携帯電話につきもののキーボードをなくしてしまった。

多くの人が、当初は「そんな大事なものをなくして大丈夫か」と思う。だが、実は「なぜ必要なのか」を考えていなかっただけのこと。なくしてみると誰も不便を感じないし、しばらくすると、それらがあったことさえ不思議に思えてしまう。

第3話

5th

真似はしない。盗んで自分のものにする。

考案者本人がつくれなかったものをつくる

ジョブズは発明家ではない。アップルⅡをつくったのはウォズニアックだ。マッキントッシュの最初のアイデアはコンピュータ科学者ジェフ・ラスキンが考え、技術はゼロックスのPARCが開発した。iPodのコンセプトも、米国を代表するコンピュータ企業だったDEC《デック》が源だ。

それなのに、ジョブズが模倣者ではなくイノベーターになれたのはなぜか。

アイデアや製品をヒントにして、元の考案者や製作者が考えもつかなかったような革新的で魅力的な製品をつくり上げる能力が抜群だったからだ。

ジョブズがいなかったら、アップルⅡも、マッキントッシュもiPodも、平凡な製品になっていたはずだ。あるいは素晴らしいが高価で使えない製品になっていただろう。

優れた芸術家は真似る 偉大な芸術家は盗む

たとえばゼロックスのPARCが試作した「ゼロックス・アルト」は、その後のパソコンの標準となる機能が数多く含まれる革命的なマシンだった。だが、販売すれば4万ドルはすることから、世に出ることはなかった。

PARCには多数の見学者が訪れ、その技術を見ている。その中で「何で放っておくんだ？ 凄いじゃないか。まさに大革命だ」と叫び、製品化したのはジョブズだけだった。

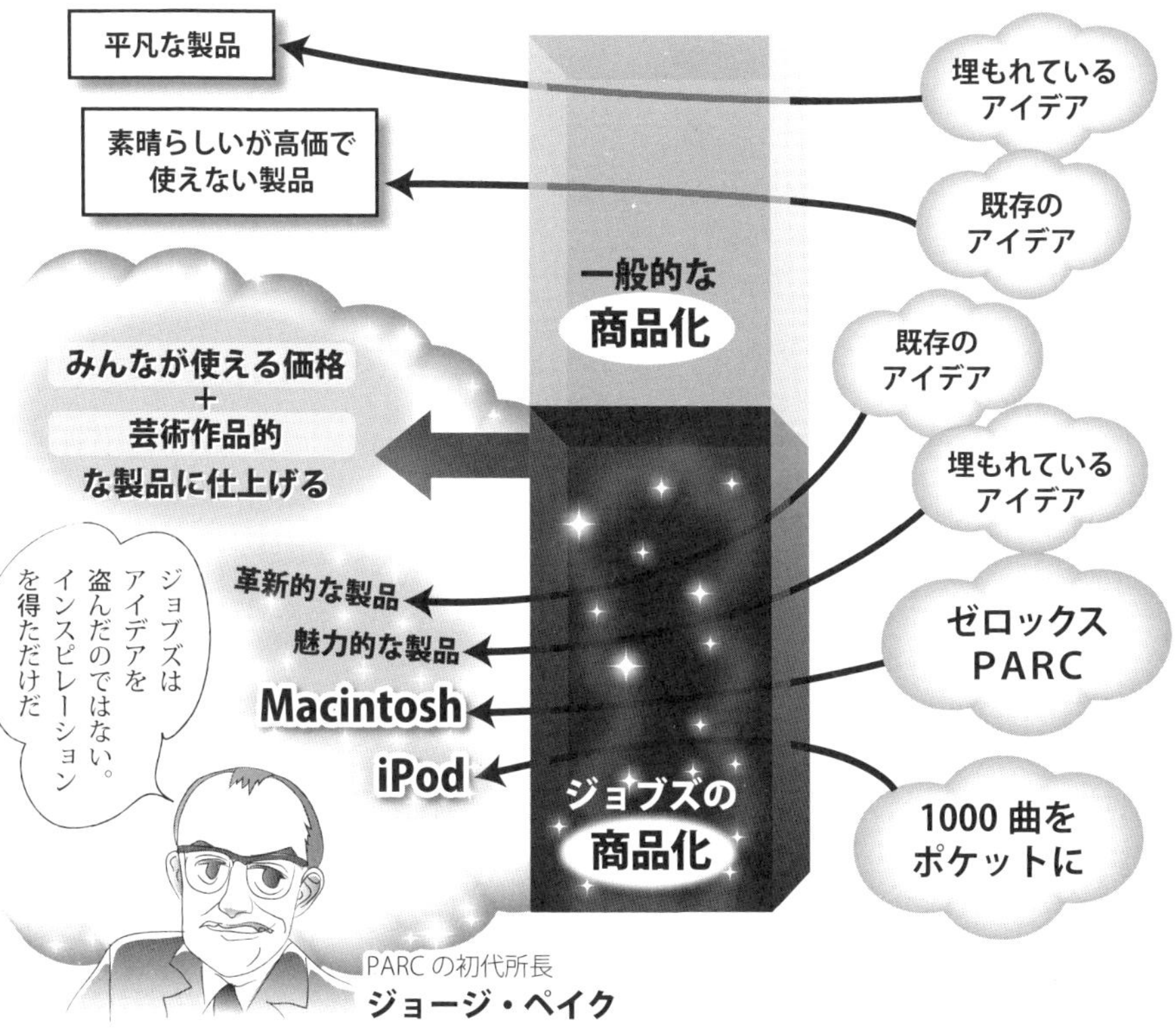
平凡な製品
素晴らしいが高価で使えない製品
埋もれているアイデア
既存のアイデア
一般的な商品化
既存のアイデア
みんなが使える価格＋芸術作品的な製品に仕上げる
埋もれているアイデア
ジョブズはアイデアを盗んだのではない。インスピレーションを得ただけだ
革新的な製品
魅力的な製品
ゼロックスPARC
Macintosh
iPod
ジョブズの商品化
1000曲をポケットに
PARCの初代所長
ジョージ・ペイク

そこにジョブズの革新性がある。

アイデアを臆面もなく自分のものにするジョブズのやり方を批判する声もあった。しかし、PARCの初代所長ジョージ・ペイクはアップルはゼロックスから設計図を盗んだわけではなく、インスピレーションを得ただけだと理解を示している。

ジョブズも、マッキントッシュ開発に際して、ピカソの「優れた芸術家は真似する。偉大な芸術家は盗む」という有名な言葉を肝に銘じていたと言っている。

実際、84年に世に出たマッキントッシュは大評判を得て、その後のパソコンの流れを決めた。

ジョブズは、埋もれているアイデアを掘り起こし、他のアイデアと結びつけ、細部に至るまでこだわって製品化する。製品というより、芸術作品といえるところまで引き上げる。

それは、もはや真似ではない。イノベーションそのものになっている。

第4話

人を愛するように仕事や製品を愛する。

ジョブズの特徴はパソコンを愛していることだ。その可能性を強く信じ、優れた製品をつくることを使命としている。ジョブズのイノベーションはそこから発している。

対照的なのがＩＢＭだ。ジョブズやゲイツが開拓したパソコン市場に途中参入し、81年に初の自社製品を発表したが、そこには新機軸のかけらもなかった。古い技術を使った陳《ちん》腐《ぷ》な代物《しろもの》にすぎなかった。

ジョブズは「ＩＢＭが勝ったらコンピュータの暗黒時代が20年は続く」と危ぶんだ。ＩＢＭは15年前にメインフレーム市場を支配するやイノベーションをやめてしまった旧態依然たる企業。ジョブズはそう考えていた。

しかし、当時のＩＢＭは、ブランド力、企業規模、営業力でアップルをはるかにしのいでいた。たちまち市場を席巻してしまう。

同時期にジョブズも社内の権力闘争に敗れアップルを去っている。それはアップルのイノベーションを止めさせ、業界を停滞させる一因ともなった。

約10年後にアップルに復帰したジョブズは、停滞した業界を「6ギガバイトは4ギガバイトより優れているとかいう話ばかりだ。コンピューティングにはもっといろんなことがあるのに」と批判し、こう付け加えた。

「世界が少しましなのはアップルがあるからだ。だから僕はここにいるんだ。誰かがいいコンピュータをつくらないとね」

そこには、本当に素晴らしいパソコンをつくれるのはアップルだけという使命感と自負心、そしてパソコンへの愛情があった。

IBM
Apple
1981年、IBM初の
パソコンは、
古い技術を使った
陳腐な代物だった
VS
コンピュータの
可能性を強く信じる！
優れたコンピュータを
つくることが自分の使命
旧態依然とした企業
イノベーション企業
ユーザーの印象
権力闘争に敗れ
ジョブズ
アップルを去る
イノベーションを
停滞させるアップル
iMac
ジョブズ、アップルに復帰！
世界が少し
ましなのは、
アップルが
あるからだ。

第
5
話
5th

自分が夢見た製品をつくる。それが世界を変えていく。

楽しいハードワークは存在する

人は命令や権力だけでは心から動かない。だが、本当に興味のある仕事、すべてを賭けてもいいと思える仕事になら、時間を忘れて夢中になる。イノベーションは、そんな楽しいハードワークによってもたらされる。

マッキントッシュの開発がそうだった。みんな1週間に80~90時間も働いたが、それはボスのジョブズが怖かったからではなく、プロジェクトに残りの人生を捧げてもいいと本気で思っていたからだ。

たとえば、ある金曜の夕方にサンプル基板が届いた。動くようにするには何時間も必要だ。担当者は月曜に始めようかと思った。するとジョブズが言った。「届いたプリント

開発時のハードワーク
本当に興味がある仕事
すべてを賭けていいと思える仕事
仕事が楽しい！
人は時間を忘れて夢中になれる
楽しいハードワーク！
マッキントッシュ開発時
金曜の夕方、ようやく最初のサンプル基板が届いた。
明日 or 月曜
テストは明日か月曜か……
冗談だろ！動くの見たくないの？
今夜中にうまくいったら、ピザおごるぜ！
見事成功！
よっしゃー！パイナップルピザの時間だぜ！

基板が動くのはいつ頃になりそう？　月曜？　冗談だろ。今夜中に確かめたくないのか」。そして今晩中に動かせたら、パイナップルピザをおごると伝えた。担当者は張り切り、午後8時に基板が動き出したという。

働き方そのものが変わっていく

こんなことはしょっちゅうだったというから驚く。無茶苦茶に働いた当時のことを、ジョブズは「僕らは毎週7日間、毎日14時間から18時間ぶっ通しで働いた。2年間ずっとね。でも、みんなそれを楽しんでいた」とふり返っている。

マッキントッシュもｉＰｏｄも、つくっている人間自身が自分で使ってみたくてたまらないような製品だった。しかも、その製品で世界を変えられるかもしれない。こんな素敵なことはない。

イノベーションは、その渦中にいる人たちの働き方そのものにも変革をもたらすのだ。

ドキ
ドキ
ハードワークのモチベーション
ドキ
ドキ
iPod
開発チーム
Macintosh
開発チーム
つくっている人間自身が
自分で使ってみたくてたまらない
製品をつくっている！
＋
だからこそみんな
無茶苦茶働くことが
できた！
しかもこの製品で
世界を変えられるなら
こんな素敵なことはない！

第6話

自分のビジョンを信じる。ないものについては人に聞けない。

ジョブズは、消費者が何を望んでいるかを聞くマーケティングは信じていなかった。「グラフィックベースのコンピュータが何かを知らない人に、グラフィックベースのコンピュータはどうあるべきかを聞くなんて、どだい無理な話だ」と考えていた。

たとえばマッキントッシュには、記憶容量が小さいといった欠点もあり、「大衆が何を求めているか市場調査をしたのか」と詰問する人がいた。ジョブズは平然とこう切り返した。「ベルは電話を発明する前に市場調査などしたか」。

市場調査については「もし自動車王ヘンリー・フォードが顧客に『何がほしいか』と聞いていたら、『もっと速い馬を』という答えが返ってきただろう」とも言っている。

確かにソニーの「ウォークマン」にしても、開発の当初は否定的な反応を受けている。イノベーションを起こすような製品は、市場に出て使われ始めてから「こういう製品がほしかったんだ」と気づかれる場合が多い。

ジョブズは「ユーザーは業界をひっくり返してしまうような大革命が来年起きるかといったことまでは教えてくれない」とも言った。

革命は、本当に技術がわかっている人間と雑音の入らないところに引っ込んで、じっくりと模索しなければならない。革新的な製品が市場調査や委員会方式から生まれることはほとんどない。多数決を取れば反対され、市場に聞けば「ノー」と言われる製品をつくる決断ができるかどうか。

それがジョブズのイノベーションだった。

ジョブズの持論

ジョブズの製品開発

イノベーティブな製品は市場調査からは生まれない！

その理由は……

イノベーティブな製品例 ① 電話

グレアム・ベル

電話を発明する前に市場調査などしたか？

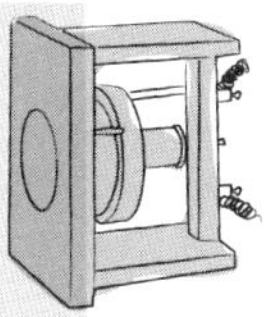

イノベーティブな製品例 ② 自動車

ヘンリー・フォード

もしお客様に何がほしいか
と聞いていたら、
「もっと速い馬を」
という答えが返ってきただろう

イノベーティブな製品例 ③ ウォークマン

■イノベーションを起こすような製品は……
最初は否定的な反応を受けることのほうが多い

↓

●市場に出て使ってみると……
「こういう製品がほしかったんだ」と気づく

「グラフィックベースのコンピュータが何か」を知らない人に、「グラフィックベースのコンピュータはどうあるべきか」を聞くなんてどだい無理な話だ

イノベーションの模索は……

本当に技術がわかっている人間と雑音の入らないところに引っ込んで、じっくりと行わなければならない！

第7話 マニュアルをつくるな。問題意識がぶつかり合う場をつくれ。

Innovation 5th

イノベーションはシステムではない

ある記者にイノベーションを意識するかと聞かれたジョブズは「しない」と答えた。「意識するのは優れた製品をつくることだ。『革新的になろう。これがイノベーションの5ヵ条。掲示しよう』というふうには考えない」。そして、イノベーションを体系化するのは、格好よくなろうとして、かえって格好悪くなる人間みたいなものだ、と続けている。

イノベーションはシステムではないのだ。問題意識を持った社員同士がふと廊下で出くわしたり、夜中にアイデアが浮かんで電話をし合ったりする中から自然に生まれてくる。

また、イノベーションに必要なのは、アイデアを生む風土と、それを育てる力である。

ジョブズのイノベーションに対する意識
イノベーションを意識することはない。私たちが意識するのは優れた製品をつくることだ！
イノベーションを体系化するなど、格好よくなろうとして、かえって格好悪くなる人間みたいなものだ

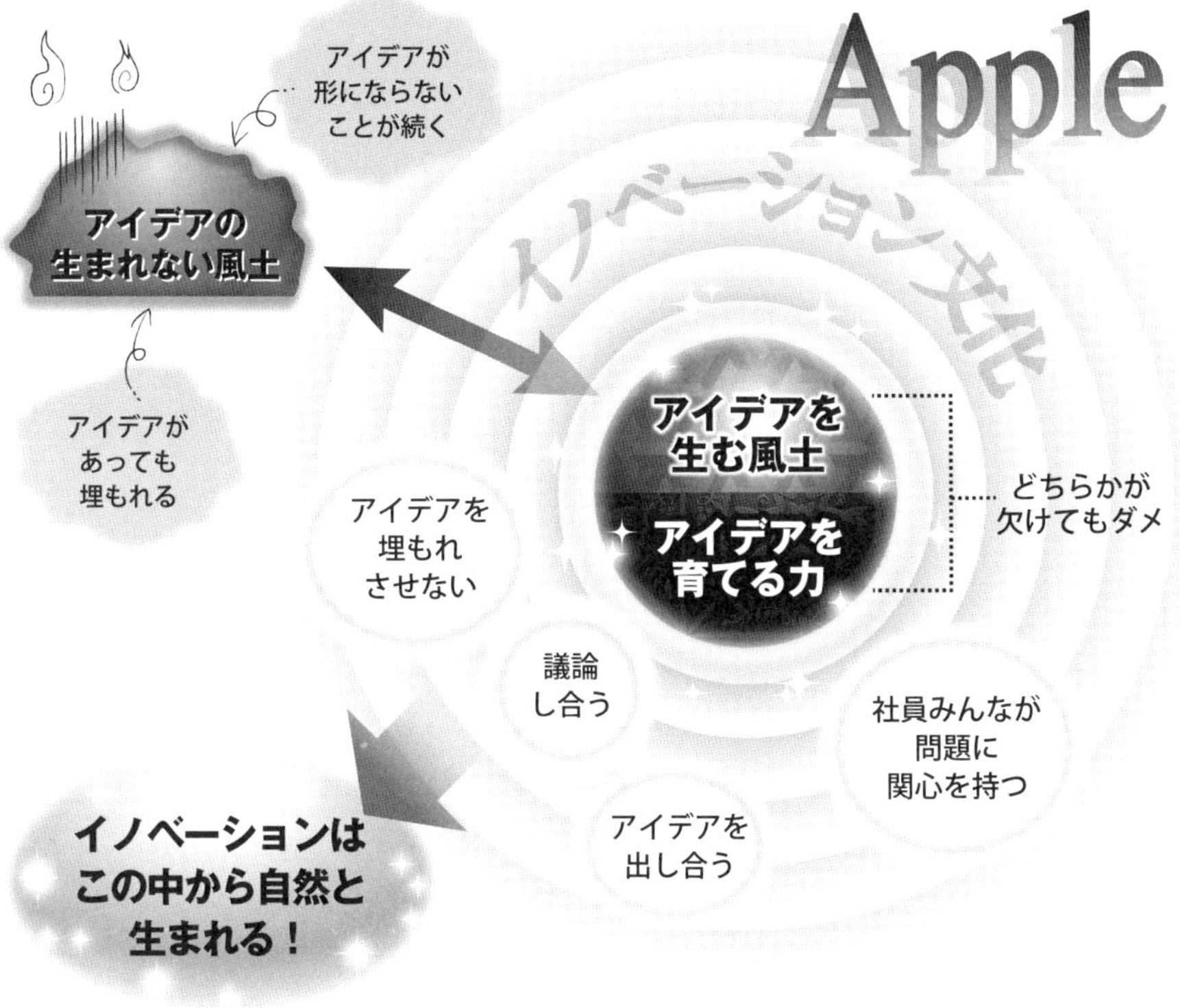
Apple
イノベーション文化
アイデアが
形にならない
ことが続く
アイデアの
生まれない風土
アイデアが
あっても
埋もれる
アイデアを
生む風土
アイデアを
育てる力
どちらかが
欠けてもダメ
アイデアを
埋もれ
させない
議論
し合う
社員みんなが
問題に
関心を持つ
アイデアを
出し合う
イノベーションは
この中から自然と
生まれる！

だからジョブズは頻繁に現場に足を運び、社員と一緒に問題解決に当たっている。「私は1日中、いろんなチームと会議を開いて、アイデアを練ったり、新製品に伴う新たな問題を解決したりしている」と言っている。

できない理由は聞かなくていい

トップから社員までみんなが問題に関心を持つ。そしてアイデアを出し合い、議論し合う。出たアイデアは埋もれさせない。イノベーションはそんな風土から自然に生まれる。

反対に、アイデアがあっても埋もれさせたり、形にならなかったりすることが続くと、アイデアの生まれない風土になってしまう。

iMacのアイデアをデザイナーのジョナサン・アイブが思いついた時、技術者たちはできない理由を38個も並べ立てて反対した。だが、ジョブズは強引に実現を迫った。それでも反対する人間は、こう説得した。「CEOの私が、これは可能だと思うからさ」と。

第8話

会社が大きくなると夢は小さくなる。チームは少人数制で。

アップルⅡの成功による組織の変化
組織の肥大化、官僚化
生産のやり方や販売方針がなってないな！
インテル出身
ナショナル・セミコンダクタ出身
たくさん入社してきた大企業の文化に慣れた人々
＝
製品に対する愛を感じない人々
下手の横好きプログラマーが……
秩序のなさにはあきれるなー！
ヒューレット・パッカード出身
もともとのアップル社員
ここもＩＢＭのようになってきたぞ……
居心地の悪さを感じる

大企業からの転職者に要注意

アップルⅡの成功で、アップルには大企業から社員がたくさん入るようになった。インテル、ナショナル・セミコンダクタ、ヒューレット・パッカードなどの出身者にすれば、アップルの秩序のなさはあきれるばかりであり、古参社員は「下手の横好きプログラマー」に見えた。

だが、大企業の文化に慣れた彼らこそ、組織の肥大化、官僚化の元凶であった。

ジョブズは、会社の規模が大きくなると、かつて輝いていた企業もＩＢＭのように夢を失い、製品に対する愛着や情熱を失うと見ていた。それでは創造力あふれる人間は力を発揮できない。できる人は居心地の悪い会社を

リサ開発チーム
優れた人間だけを集めた
少人数のチームに
夢を実現させる！
ジョブズの
やり方
★その中の1つ
マッキントッシュ
開発チーム
スローガン
「海軍よりも海賊」
こぢんまりしたチームが効果
的だと証明し、アップル社内
全体に広めるための実証の場

去ってしまい、残った普通の人間が平凡な製品を生むようになると考えていた。

100人以上の事業部をつくるな

では、どうすれば企業が大きくなっても創造的であり続けることができるのだろうか。

ジョブズは「優れた人間だけで小さなチームをいくつもつくって、思い切り夢を実現させてみたらいい」と言った。そしてアップルⅡの後継機「リサ」開発チームをつくるが、チームから外されてしまう。次に率いたのがマッキントッシュ開発チームだった。それは、こぢんまりしたチームが効果的だと証明してみせる実証の場でもあった。

ジョブズは「マックを成功させることで、こうした製品中心のチームづくりをアップル全体に広めたい」と語り、「（大人数の）海軍よりも（少数精鋭の）海賊」という有名なスローガンを掲げた。ジョブズに100人以上のチームや事業部を率いる気はなかった。

安易にイエスを言わない。相手は自分で限界を超えてくれる。

ジョブズの要求は厳しい。社員が代替案を示しても、「言いたいことはわかった。でも、僕のために頑張ってくれないか」と返すことが多い。社員は「オーケー」と返事し、限界を超える仕事ができるようになっていく。

社員に本気で期待していないボスは、そこの仕事で「オーケー」を出すから、社員は自分の限界を超えることができない。

限界を超える仕事こそがイノベーションをもたらすのだ。

たとえばｉＭａｃの発表リハーサルでジョブズは照明のやり直しをしつこく命じた。見ていたある記者は、なぜＣＥＯがそんな細部にこだわるのか理解できなかった。だが、当日になって理由がわかった。絶好のタイミングの照明に映し出されたｉＭａｃを見て「これがほしかったんだ」と思わされたからだ。

ジョブズは細部にこだわる理由を「自分が質を測るものさしになるためだ」と言っている。「卓越さが求められる場に慣れていない人もいるからだ」と。

ジョブズのもう1つの会社ピクサーは映像会社だ。ジョブズはあまり口を出さなかったが、毎月、作品の制作状況を確認に訪れ、少しでも手抜かりがあると「お前たちがやりたいのは本当にこんなことか」と諭《さと》した。そして、妥協して後悔しないこと、本当に満足するまで徹底してつくりこむことを求めた。

ジョブズは「本当にいいもの以外には常に口を出し続けた」と言う。それは「お膳《ぜん》立てさえしてやれば、みんな自分で思っていた限界を上回る仕事ができる」からだ。

たいていの上司は……

よしよし、よく頑張った！お前にしては上出来だ！
そこそこの仕事どまり

部下の頑張りを本気で期待していない……

ジョブズの場合……

よしよし、よく頑張った！あと少し、僕のために頑張ってくれないか？

部下の頑張りを本気で期待している

限界を超えた仕事になる！

ジョブズの卓越へのこだわり

ex.

ピクサーへ毎月の制作状況の確認

少しの手抜かりも見抜き

- 妥協して後悔しないこと
- 本当に満足するまで徹底してつくりこむことの大切さ

を常に求める

ex.

新作発表のプレゼンテーション

▼

リハーサルを細部まで納得いくまで繰り返す

▼

本番では、観客が見事に新製品をほしくなってしまう演出

自分の役割

質を測るものさしになる

卓越さが求められる場に慣れていない人もいるから自分が基準になる！

本当にいいもの以外には常に口を出し続ける

妥協だらけの「そこそこ」の仕事から生まれるのは、「そこそこ」の成果だけ！

第10話 5th

間違いに気づいたら完成寸前でもリセットボタンを押す。

正しくやれるチャンスは1回だけ

仕事が完成直前、大間違いに気づいた。どうすればいいか。ジョブズはいつも「リセットボタン」を押すことを心がけてきた。

かけた時間やお金、メンバーの気持ちを考えれば、損失ははかりしれない。でも、納得のいかないものを「いいもの」であるかのように偽って世に送り出すのと、本当に納得のいく自信作を送り出すのとでは、どちらがイノベーションにつながるかは明らかだ。

90年代半ば、アップルは直営店を出すことになった。小売りは難しいビジネスだ。ジョブズは大手スーパーの「ターゲット」で辣腕《らつわん》をふるったロン・ジョンソンをスカウトし、モデルストアをつくって修正をくり返した。

どちらがいいか考えてみよう！
本当に納得のいく、絶対の自信作を送り出す
納得のいかないものをさも「いいもの」であるかのように自分を偽って世に送り出す
損失
社員の反発
その後ずっと誇り・納得感
その後ずっと後悔
イノベーションへ
普通の製品になる

それが完成に近づいた頃、ジョンソンが「僕たちは間違っている」とコンセプトの変更を言い出した。半年の苦労が水の泡となる言葉だったが、ジョブズは「正しくやれるチャンスは1回しかないんだ」と、一からやり直す決定をした。その結果、直営店は3年間で年間売上高10億ドルを突破。小売りチェーンとして最も速い成長を遂げることとなった。

やり直すことをためらうな

iPhoneの開発でもジョブズはリセットボタンを押している。発表まで数ヵ月に迫った日、ジョブズが自分が選んだケースのデザインに実は満足していないと気づいた。デザインを変更すれば、9ヵ月の苦労が水の泡になり、回路基板を含め、すべてをつくり直す必要がある。だが、ジョブズは再び一からやり直す。その結果、iPhoneは従来の携帯電話を過去の遺物に変えるほどの革命を起こすことになった。

リセット例① 直営店
プロジェクトスタート
準備期間
6ヵ月
経過……
2000年
10月
僕たちは間違っている！
ロン・ジョンソン
正しくやれるチャンスは1回しかないんだ
ジョブズ
一からやり直す決定
リセット！
2001年
5月
オープン！
わずか3年間で年間売上高10億ドルを突破！
小売りチェーンとして最も速い成長を遂げる

リセット例② iPhone
プロジェクトスタート
開発期間
9ヵ月
経過……
ジョブズ自身が選んだケースのデザインに「実は満足していない」ことに気づく
デザインを変更すれば、回路基板を含め、すべてをつくり直す必要があるが……
はっ！
一からやり直す決定
リセット！
完成！
従来の携帯電話を過去の遺物に変えるほどの革命を起こす

第11話 5th Innovation

くつがえすのがイノベーター。あなたは歴史を変えたくないか。

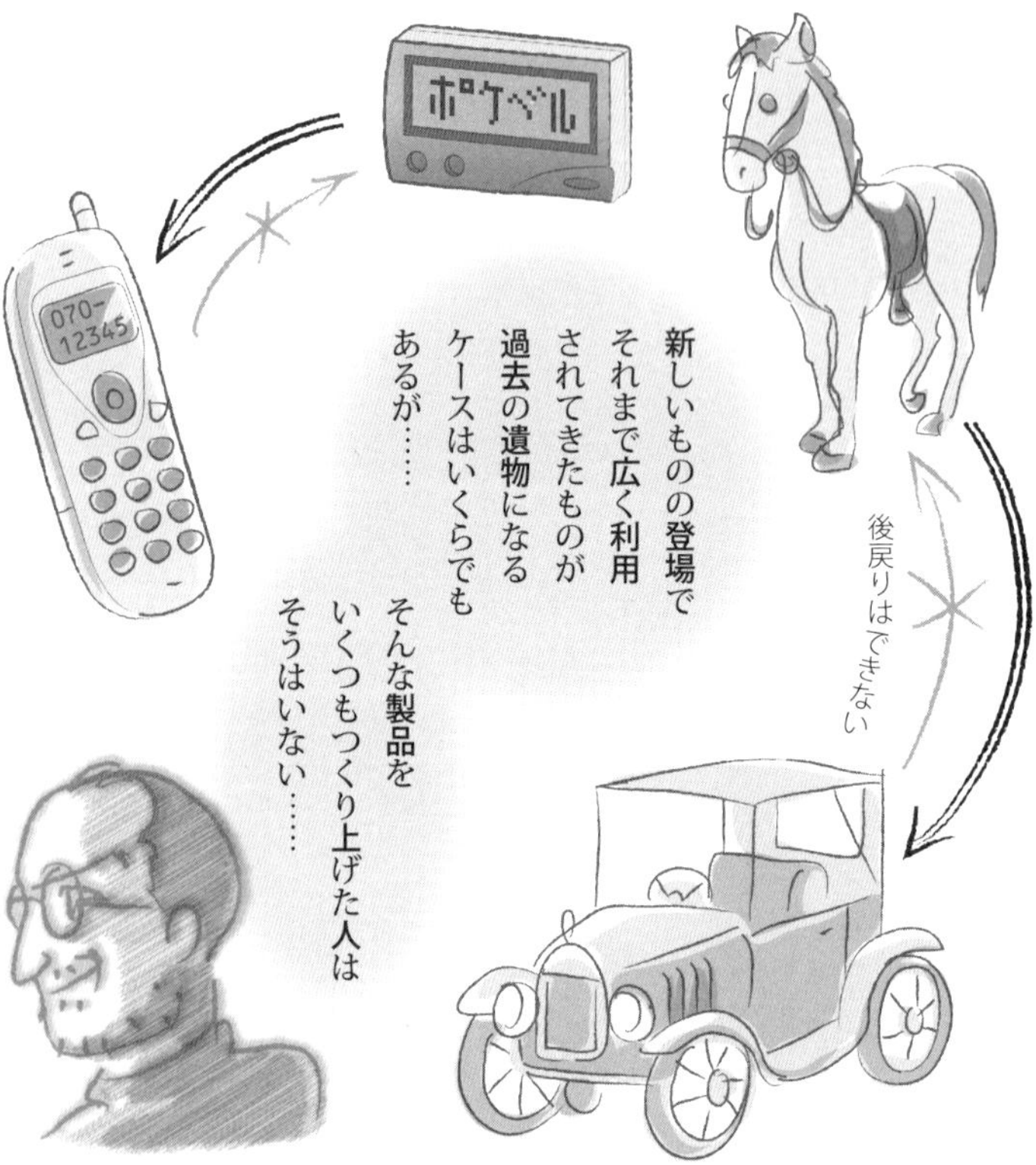

ポケベル
070-12345
新しいものの登場でそれまで広く利用されてきたものが過去の遺物になるケースはいくらでもあるが……
そんな製品をいくつもつくり上げた人はそうはいない……
後戻りはできない

電話を再発明する

2007年、ジョブズはiPhone発表の講演で、こう言った。

「革新的な製品がすべてを変えてしまうことがある。一生のうちこういった製品の開発に一度でも関われたら幸運なことだ。アップルは、そうした製品をいくつか送り出せた」

1つ目は84年のマッキントッシュだ。従来のパソコンの使い方をがらりと変えた。自らがつくり出したアップルⅡをも過去の遺物にしてしまったのだ。

2つ目は01年のiPodだ。音楽の聴き方だけでなく、CDを買うという音楽の買い方まで変えてしまった。

ジョブズはiPhoneをこれらに匹敵す

る製品として紹介し「今日、我々は電話を再発明する」と言った。言葉通りｉＰｈｏｎｅはスマートフォンの時代を切り開き、従来の携帯電話を古臭いものにしてしまった。

改善による飛躍と一線を画す

新しいものの登場によって、それまで広く利用されてきたものが過去の遺物になるケースがある。たとえば、大衆に手の届くＴ型フォード車の登場は、馬車を駆逐した。馬を買い求める必要もなくなってしまう。

そのように、すべてを一瞬にして過去の遺物にするほどのイノベーションを、ジョブズは目ざしていた。ビル・ゲイツが得意とする「たゆまぬ改善」による飛躍とは一線を画す考え方だ。

２人とも歴史を変えた偉大なイノベーターだが、ジョブズのほうが圧倒的人気を誇るのは、一瞬で歴史を変えてしまう一種の爽快感を伴う飛躍だったからではないだろうか。

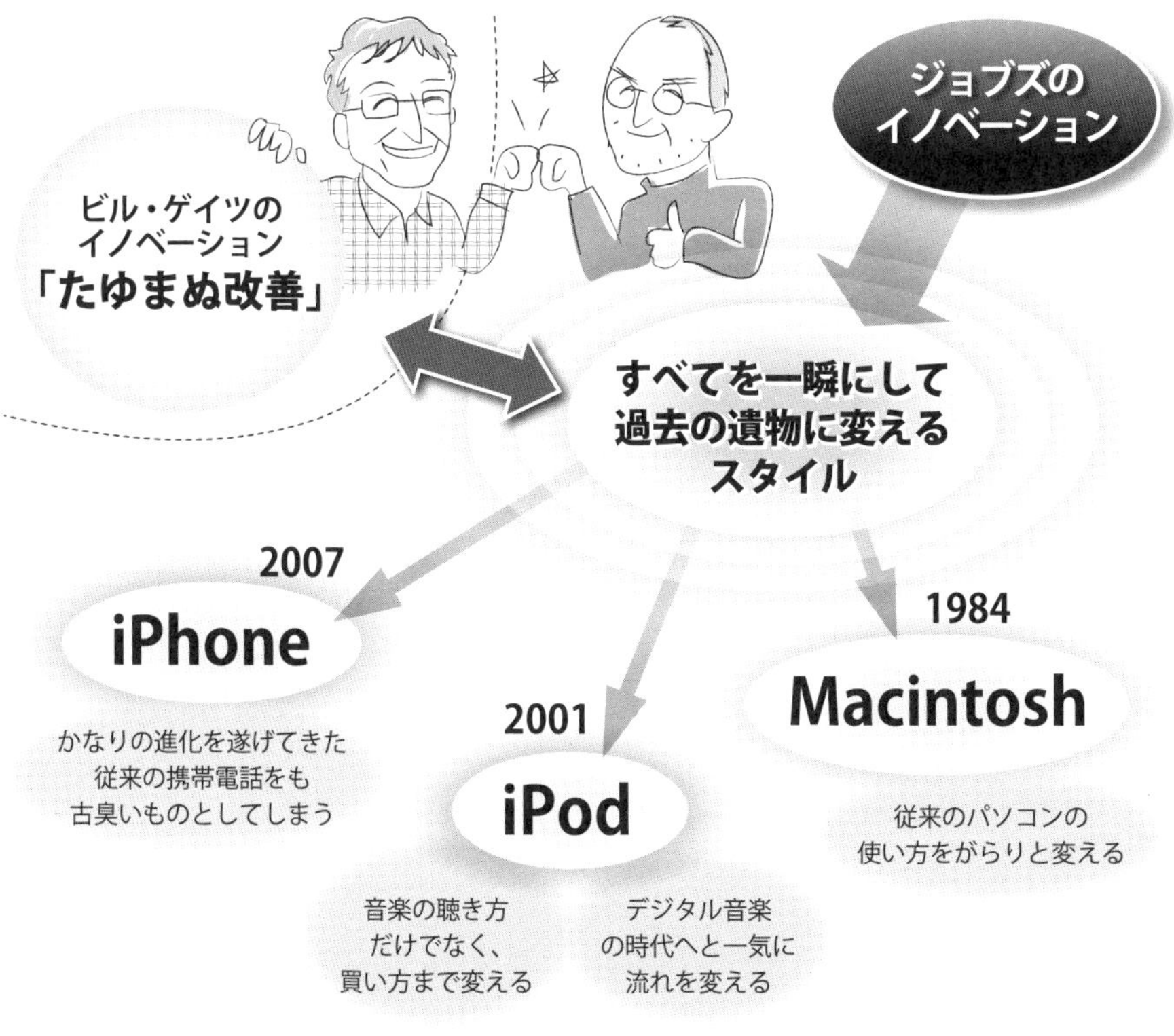
ジョブズのイノベーション
ビル・ゲイツのイノベーション
「たゆまぬ改善」
すべてを一瞬にして過去の遺物に変えるスタイル
2007
iPhone
かなりの進化を遂げてきた従来の携帯電話をも古臭いものとしてしまう
2001
iPod
音楽の聴き方だけでなく、買い方まで変える
デジタル音楽の時代へと一気に流れを変える
1984
Macintosh
従来のパソコンの使い方をがらりと変える

第12話 最高傑作は次回作。「次こそ」を渇望し続ける。

ジョブズはなぜ転身しなかったか

「ウォルト・ディズニーはいつもこう言っていた。『我々の値打ちは次回作で決まる』と。だから、常に次を考え続けなければいけないんだ」とジョブズは語った。これが彼の原動力の1つだと言っていいだろう。

ジョブズは、自力で財を成した史上最年少の大金持ちだった。破格のアメリカン・ドリーム体現者だった。だが、30歳の時にアップルをクビになるという苦痛を味わっている。

まだ若く、手元には莫大な資産があり、名声もある。そんな人は、次にどんな人生を選ぶのだろうか。

大学教授への誘いがあった。選挙に出ようと考えたこともある。スペースシャトルの搭

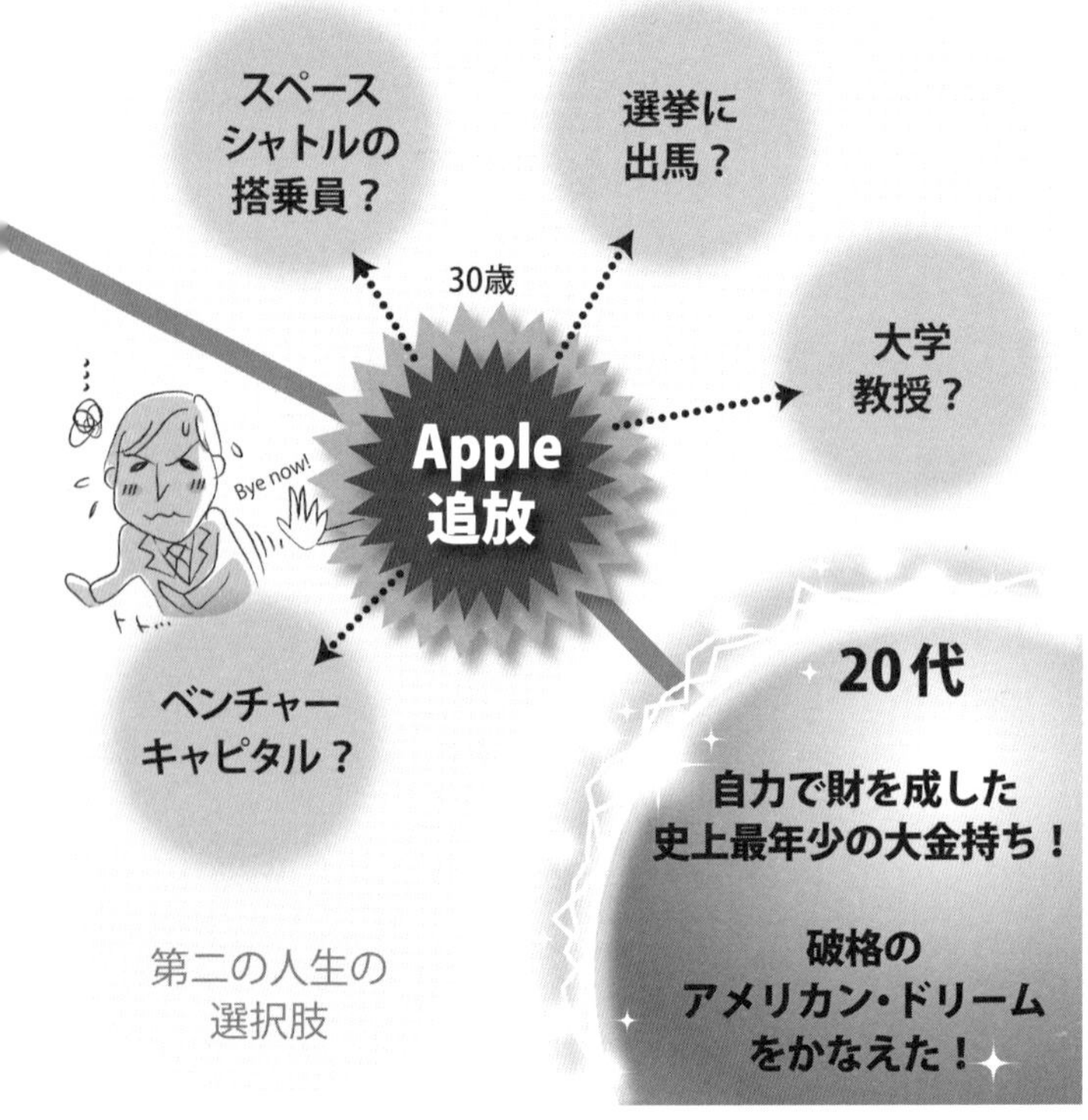
スペースシャトルの搭乗員？
選挙に出馬？
30歳
大学教授？
Apple追放
Bye now!
ベンチャーキャピタル？
20代
自力で財を成した史上最年少の大金持ち！
破格のアメリカン・ドリームをかなえた！

第二の人生の選択肢

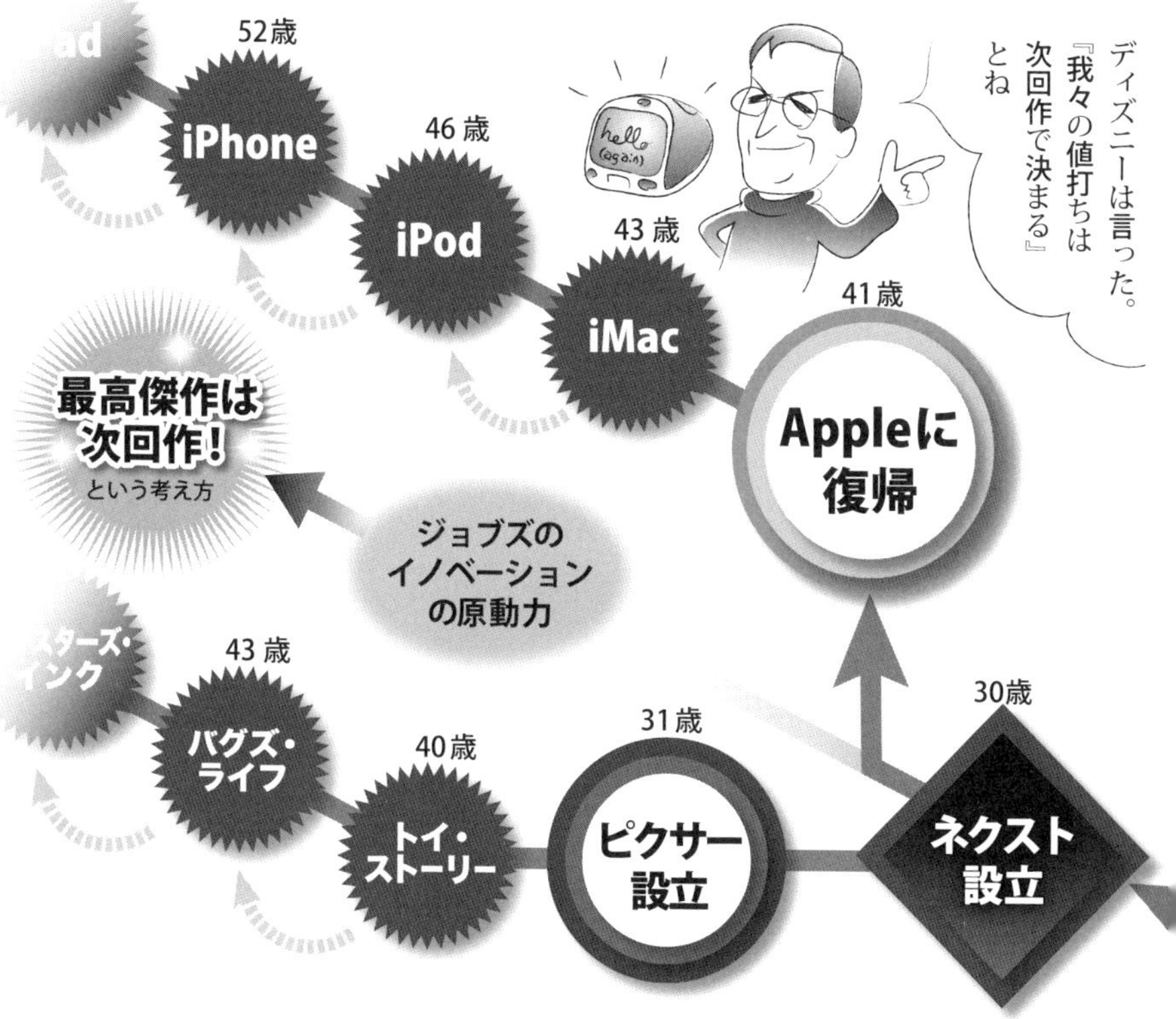
ディズニーは言った。
『我々の値打ちは次回作で決まる』とね
hello (again)
52歳
iPhone
46歳
iPod
43歳
iMac
41歳
Appleに復帰
最高傑作は次回作！
という考え方
ジョブズのイノベーションの原動力
43歳
バグズ・ライフ
40歳
トイ・ストーリー
31歳
ピクサー設立
30歳
ネクスト設立

乗員に応募した。豊富な資金でベンチャーキャピタルになる道もあった。

しかし、選んだのは少数のメンバーと世界を驚かせるような製品をつくる道だった。

あくまで得意分野を歩む

「僕が得意なのは、才能のある人材を集め、何かをつくることです」と言い残してアップルを去ったジョブズは、新しくつくった会社ネクストでも優れた製品をつくり、やがてアップルに復帰する契機をつくっている。さらに、映画監督のジョージ・ルーカスから買収した会社をピクサーと名づけ、自己資金を投入し続けた。そして『トイ・ストーリー』で長編アニメの世界に革命を起こす。

復帰したアップルではｉＭａｃ、ｉＰｏｄ、ｉＰｈｏｎｅ、ｉＰａｄと、いずれも業界を劇的に変える製品をつくった。そのエネルギーの源は「次回作」への渇望なのである。

第13話 ブランドは情熱から生まれる。情熱を伝染させよ。

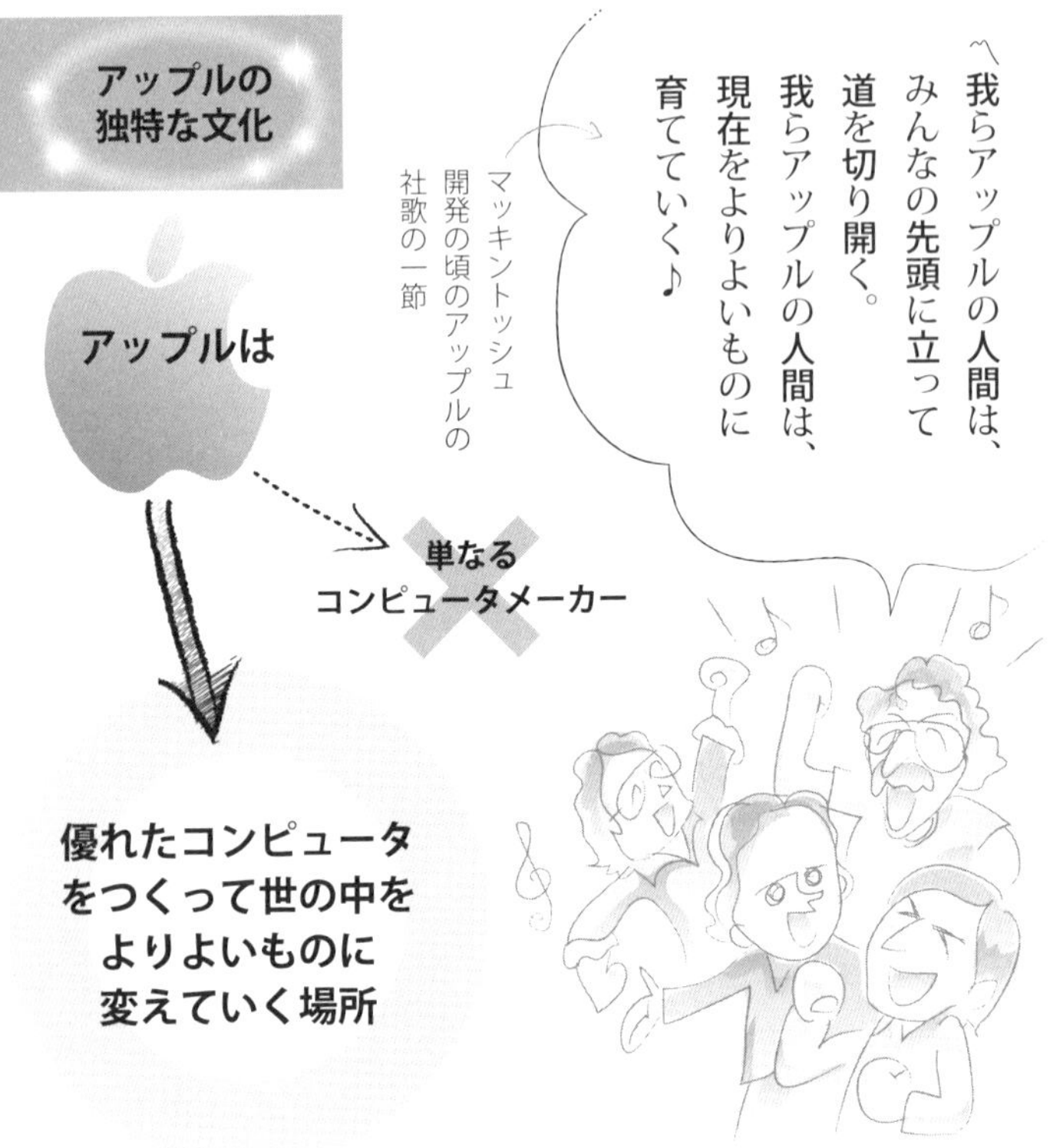
アップルの独特な文化
アップルは
単なるコンピュータメーカー
優れたコンピュータをつくって世の中をよりよいものに変えていく場所
我らアップルの人間は、みんなの先頭に立って道を切り開く。我らアップルの人間は、現在をよりよいものに育てていく♪
マッキントッシュ開発の頃のアップルの社歌の一節

会社を「世界を変える場所」にする

「♪我らアップルの人間は、みんなの先頭に立って道を切り開く。我らアップルの人間は、現在をよりよいものに育てていく♪」

　マッキントッシュを開発していた頃のアップルの社歌の一節だ。衝撃的なほど優れたコンピュータをつくり、世の中をよりよいものにしていきたいというジョブズの考え方がストレートに表現されている。アップルは単なるメーカーではなく、世界を変えていく場所でなければならなかった。

　そんな文化を変えたのはCEOジョン・スカリーが主導した売上至上主義だった。アップルは92年末にはパソコン業界トップの収益を記録するまでになる。しかし、新製品ニュー

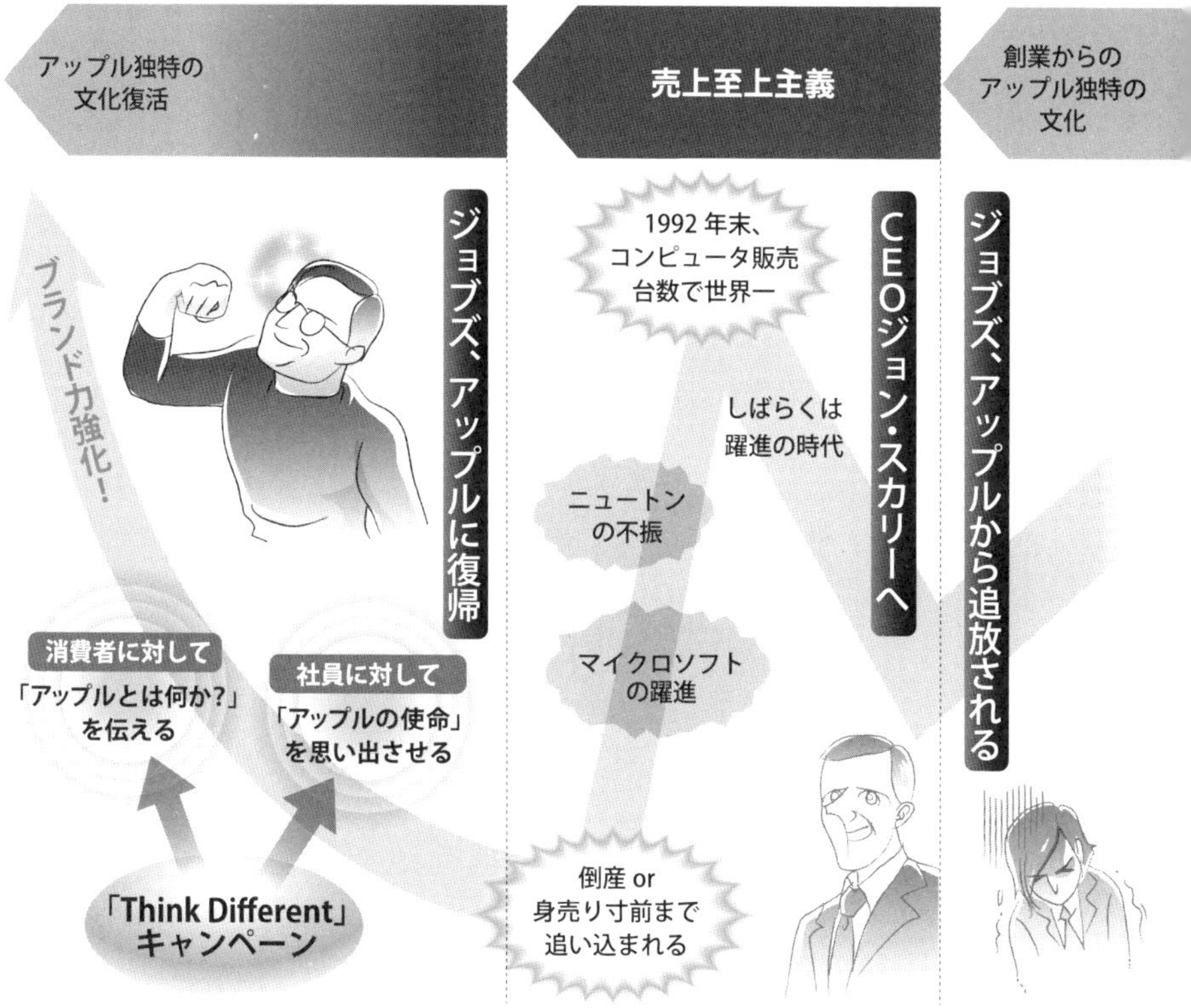
創業からのアップル独特の文化
売上至上主義
アップル独特の文化復活
ジョブズ、アップルから追放される
CEOジョン・スカリーへ
1992年末、コンピュータ販売台数で世界一
しばらくは躍進の時代
ニュートンの不振
マイクロソフトの躍進
倒産or身売り寸前まで追い込まれる
ジョブズ、アップルに復帰
ブランド力強化!
消費者に対して
「アップルとは何か?」を伝える
社員に対して
「アップルの使命」を思い出させる
「Think Different」キャンペーン

トンの不振やマイクロソフトの躍進なども あってほどなく低迷へと向かい、やがて倒産か身売りかというほど追い込まれる。

使命感はイノベーションの重要要素

ジョブズは、不振の原因を価値観の変化と見ていた。金儲けに走ったことで、最も大切な革新的製品づくりを忘れてしまったのだ。

アップルに復帰したジョブズは「アップルとは何だろう」と問いかけた。それは既成概念の外で思考し、仕事をこなすだけでなく、コンピュータで何かを創造したい人々のことだった。ジョブズは、この価値観を「Think Different」というキャンペーンにした。消費者には「アップルとは何か」を伝え、社員にはアップルの使命を思い出させる意図だ。

アップルの財産は優れたブランド力だ。ブランド力は優れた製品から生まれる。製品は心の底からの情熱がつくる。それがジョブズの考えだった。

第14話

お金に人生は賭けられない。目的は世界を変えることだ。

イノベーションの目的はお金ではないだろう。お金も大切だが、自分のアイデアで製品やサービスをつくり、世の中に貢献することが本質的な目的である。

ジョブズは10代の頃に、億万長者になると言っていた。その言葉通り、資産は23歳で100万ドル、24歳で1000万ドル、25歳で1億ドルを超え、アップルが株式公開した26歳では2億ドルを超えている。

だが、ウォズニアックが映画館を買ったりロックコンサートを開いたりと成金の馬鹿騒ぎを楽しんだのと対照的に、ジョブズは「お金で買いたいものなんて、すぐに尽きてしまう」と言い、利益を追うよりも本当に優れた製品をつくり、イノベーションを起こしたいという思いを強くした。

ジョブズはこうした考え方を、若い頃のロールモデル（手本）であるインテルのアンディ・グローブやヒューレット・パッカードのビル・ヒューレットやデービッド・パッカードから受け継いでいる。

「彼らは世界を変えること、成長し続ける企業を築くことに人生を賭けた。お金を稼ぐことは二の次だったんだ」と言っている。

お金ではイノベーションはできない。たとえばマイクロソフトはアップルの何倍もの研究開発費を投じながら、アップルの真似しかできないとジョブズは指摘している。

では、何がイノベーションの根源か。「原動力はベンチャースピリットにほかならない」とジョブズは言う。永遠の何かをつくり出したいという燃えたぎるような情熱である。

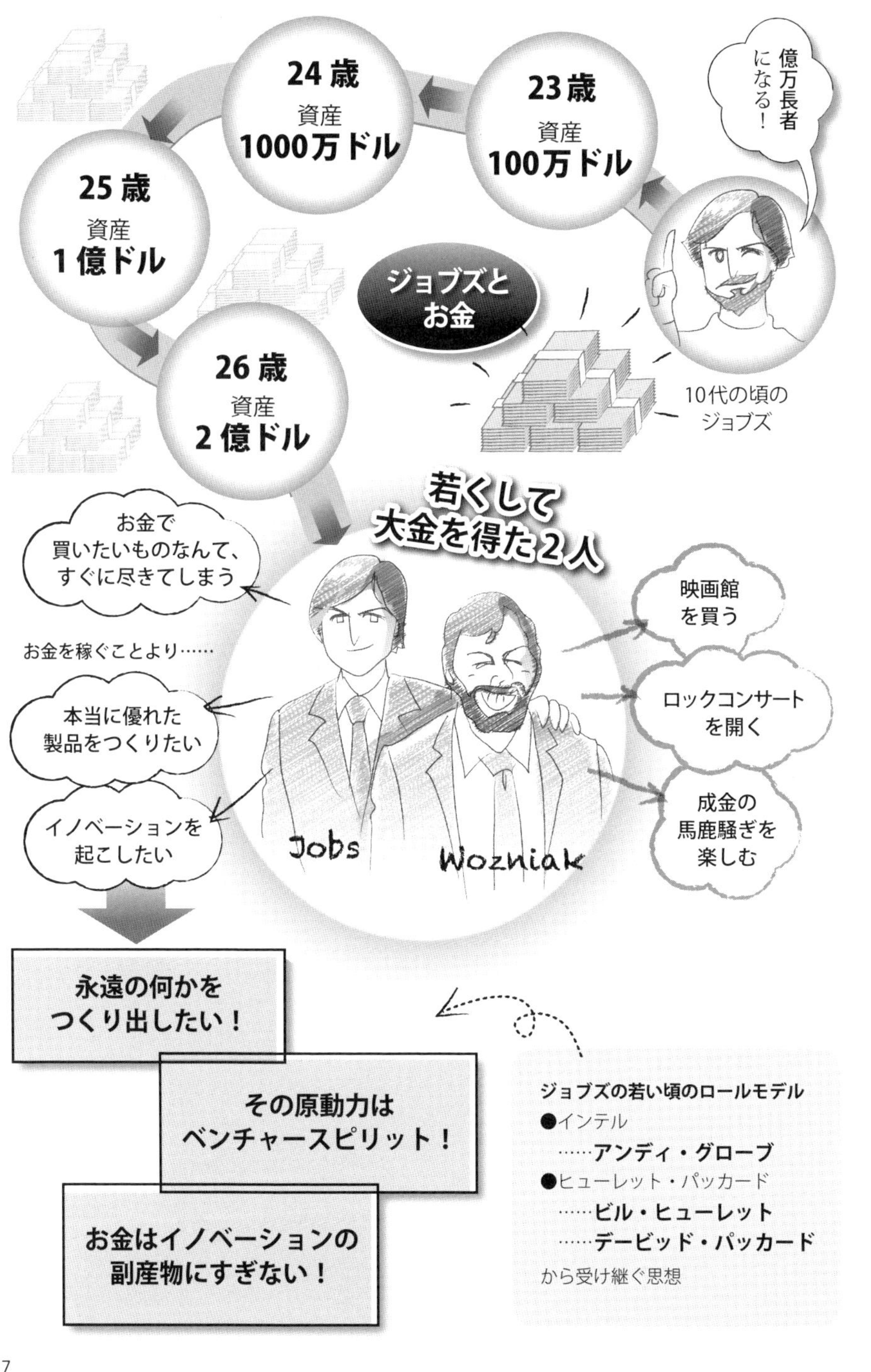
億万長者になる！
23歳
資産
100万ドル
24歳
資産
1000万ドル
25歳
資産
1億ドル
26歳
資産
2億ドル
ジョブズとお金
10代の頃のジョブズ
若くして大金を得た2人
お金で買いたいものなんて、すぐに尽きてしまう
お金を稼ぐことより……
本当に優れた製品をつくりたい
イノベーションを起こしたい
Jobs
Wozniak
映画館を買う
ロックコンサートを開く
成金の馬鹿騒ぎを楽しむ
永遠の何かをつくり出したい！
その原動力はベンチャースピリット！
お金はイノベーションの副産物にすぎない！
ジョブズの若い頃のロールモデル
●インテル
……アンディ・グローブ
●ヒューレット・パッカード
……ビル・ヒューレット
……デービッド・パッカード
から受け継ぐ思想

経験を積むことで創造性は無限に伸ばせる。

創造性は点と点を結びつけること

創造性は無から有を生む特別な才能ではなく、ものごとを結びつけることにすぎないとジョブズは言っている。だから、優れたアイデアを生むには、多くの経験をし、ものごとについてよく考えることが必要だ。

経験や思索をジョブズは「点」と呼び、スタンフォード大学で「点と点をつなぐ」という話をしている。

ジョブズは進学したリード大学を半年で中退したが、しばらくは大学で電子機器の保守整備をしながらぶらぶらしていた。その間、気に入った授業をいくつか受講し、カリグラフィ（西洋書道）に興味を持って書体や文字間のスペースなどを学んだ。

何かに役立つと思ったわけではなく、芸術的な繊細さに惹《ひ》かれたのだが、10年後、マッキントッシュの開発をしている時にそれが役立った。マックは美しい書体でイノベーションを起こしたが、そのルーツはリード大学の授業にあったのだ。

「大学にいた当時、将来を見すえて点と点を結びつけることは不可能だった。しかし10年後に振り返ってみると、点と点が結びついたことがはっきりとわかった」と言っている。

信じるものを持たなくてはならない

ピクサーでの経験も貴重な点になった。ピクサーはテクノロジー（コンピュータ）会社

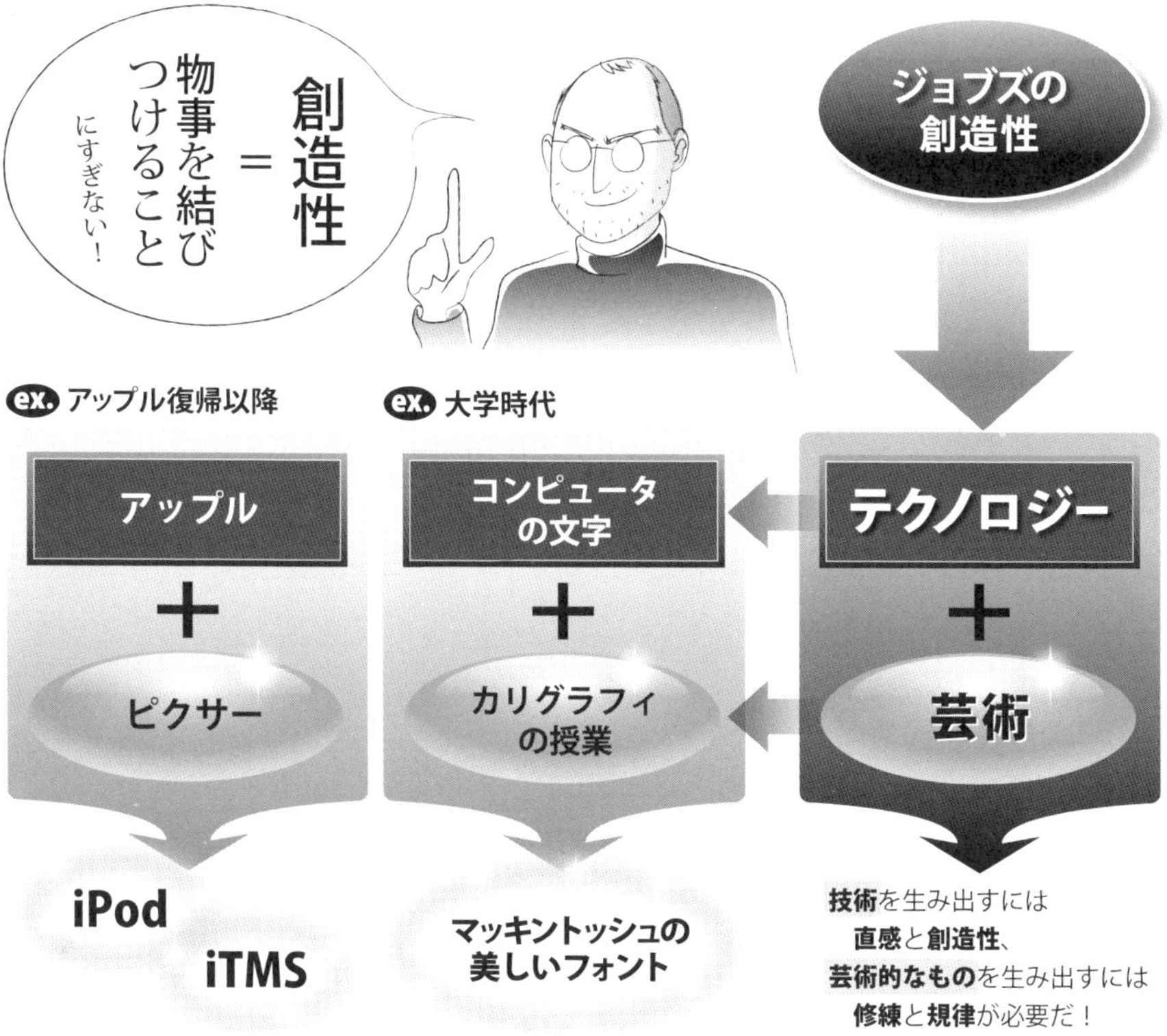
創造性＝物事を結びつけることにすぎない！
ジョブズの創造性
ex. アップル復帰以降
ex. 大学時代
アップル
コンピュータの文字
テクノロジー
＋
ピクサー
カリグラフィの授業
芸術
iPod
iTMS
マッキントッシュの美しいフォント
技術を生み出すには直感と創造性、芸術的なものを生み出すには修練と規律が必要だ！

のふりをした芸術（アニメーション）会社だった。両者の間には断絶がある。テクノロジー会社は創造性を理解できず、クリエイターを1日中ぼんやりしている怠け者だと思っている。芸術会社は技術がまるでわかっておらず、エンジニアなんてそのへんで雇えばいいと思っている。

ジョブズはアップルとピクサーの両方で成功した経験から、こう話している。

「技術を生み出すには直感と創造性が必要。芸術的なものを生み出すには修練と規律が必要。両方わかっている人は、僕以外何人もいないと思う」

だからジョブズは歴史を変えるほどの製品を次々と生み出せたのだ。しかし、それは天与の才能がなせる業《わざ》ではない。ジョブズはこう私たちを励ましている。

「点が将来何らかの形で結びつくと信じなくてはいけません。信じるものを持たなければなりません」

ゲイツ、ベゾス、ペイジ、ザッカーバーグ＆ジョブズの年譜

年	ビル・ゲイツ	ジェフ・ベゾス	ラリー・ペイジ	マーク・ザッカーバーグ	スティーブ・ジョブズ
1955年	10月28日、**ビル・ゲイツ**、米国シアトルで誕生				2月24日、**スティーブ・ジョブズ**、米国カリフォルニア州で誕生
1964年		1月12日、**ジェフ・ベゾス**、米国ニューメキシコ州で誕生			
1968年	高校でコンピュータと初めて出会う				
1970年	ポール・アレンとトラフォデータ社を設立する				
1972年					オレゴン州リード大学に進むが、ほどなく中退
1973年	ハーバード大学に入学		3月26日、**ラリー・ペイジ**、米国ミシガン州で誕生		
1974年	アルテア用「BASIC」の開発を開始				
1975年	**マイクロソフトを創業**。				
1976年	「BASIC」が完成しMITS社と契約				スティーブ・ウォズニアックと**アップルを創業**。「アップルI」を発売
1977年	ハーバード大学を中退。西和彦と出会いNECとBASICを契約				アップルを法人化。「アップルII」を発売し大ヒットとなる
1979年	パロアルト研究所を見学、パソコンの未来像を描く		この頃からコンピュータを使い始める		パロアルト研究所を見学、啓示を受ける
1980年	IBM PCへのソフト提供を契約				アップルの株式を公開。若くして巨富を得る

continue...

年	ゲイツ	ベゾス	ペイジ	ザッカーバーグ	ジョブズ
1981年	シアトル・コンピュータからOSを買ってIBM・DOSを完成、IBMと契約				マッキントッシュチームを指揮し始める
1982年	表計算ソフト「マルチプラン」を発表	高校を総代として卒業			
1983年	「ウィンドウズ」を発表（発売は2年後）				
1984年				5月14日、**マーク・ザッカーバーグ、**米国ニューヨーク州で誕生	「マッキントッシュ」を発売
1985年	「ウィンドウズ1・0」を発売。表計算ソフト「エクセル」を発表				アップルを追放され、ネクストを創業
1986年	マイクロソフトの株式を公開、億万長者になる	プリンストン大学を首席で卒業し、金融会社に就職			買収した会社をピクサーと名づけCEOになる
1988年	「ウィンドウズ2・03」を発売				
1990年	「ウィンドウズ3・0」を発売	D・E・ショーに入社			
1994年		ショーを退社し「カダブラ」を登記。全米書籍販売業者協会のセミナーに参加			
1995年	「ウィンドウズ95」を発売、世界的にヒットし業界の覇者となる	**社名をアマゾンに変更。**ベータテストを終えてサービスを開始	スタンフォード大学大学院在学中にグーグルの着想を得る	ソフト開発者が家庭教師になる	ピクサーの『トイ・ストーリー』が大ヒット、ピクサー株式公開で再び富豪に
1996年					アップルに特任顧問として復帰
1997年		バーンズ&ノーブルがベゾスを訴える。アマゾンの株式を公開			アップル暫定CEOに。ジョナサン・アイブをデザイン担当役員に抜擢

年	ビル・ゲイツ	ジェフ・ベゾス	ラリー・ペイジ	マーク・ザッカーバーグ	スティーブ・ジョブズ
1998年		アマゾンでCDなどを商品に追加。グーグルに出資	サーゲイ・ブリンらと**グーグルを創業**		「iMac」を発売し大ブームになる
1999年		「ワンクリック」の特許を取得			
2000年	マイクロソフトCEOを退任	ITバブルがはじけアマゾンの株価が急落。一方で宇宙事業に参入	アドワーズを開始		アップル正式CEOに就任
2001年			グーグルにシェリル・サンドバーグをスカウト		「iPod」を発売、爆発的ヒット。「アップルストア」をオープンする
2002年			図書館デジタル化プロジェクトを開始	ハーバード大学に入学	
2003年		アマゾンが通年で初めて黒字になったと発表			
2004年			グーグルの株式を公開	「フェイスブック」のサービスを開始。友人と**フェイスブックを創業**	膵臓ガンの手術で休職
2005年				ハーバード大学を中退、社業に専念	スタンフォード大学でスピーチ
2006年				フェイスブックを一般公開。「ニュースフィード」機能を導入。ヤフーによる買収を拒否	
2007年		第1世代のキンドルを導入	オープン・ハンドセット・アライアンスを設立、アンドロイド開発などを進める		「iPhone」を発売。スマートフォン時代の幕を開ける
2008年	引退を発表。ビル&メリンダ・ゲイツ財団の活動に専念			シェリル・サンドバーグをCOOに任命	
2010年		プリンストン大学でスピーチ		タイム誌の「今年の人」に	「iPad」を発売。タブレット型パソコンの流れをつくる
2011年					アップルCEOを辞任し、**10月5日に56歳で逝去**
2012年				フェイスブックの株式公開	
2013年		名門新聞社ワシントン・ポストを買収			

本書の執筆にあたっては、英文・邦文のウェブサイト、雑誌、新聞の記事のほか、特に次の書籍を参考にさせていただいた。いずれも労作であり、厚くお礼申し上げる。

◇参考文献

『ビル・ゲイツ』ジェームズ・ウォレス、ジム・エリクソン著　奥野卓司監訳　SE編集部訳　翔泳社
『ビル・ゲイツ　立ち止まったらおしまいだ!』ジャネット・ロウ著　中川美和子訳　ダイヤモンド社
『イノベーションのDNA』クレイトン・クリステンセン、ジェフリー・ダイアー、ハル・グレガーセン著　櫻井祐子訳　翔泳社
『アマゾン・ドット・コム』ロバート・スペクター著　長谷川真実訳　日経BP社
『グーグル秘録』ケン・オーレッタ著　土方奈美訳　文藝春秋
『グーグルが描く未来』リチャード・L・ブラント著　土方奈美訳　武田ランダムハウスジャパン
『Google誕生』デビッド・ヴァイス、マーク・マルシード著　田村理香訳　イースト・プレス
『Facebook 世界を征するソーシャルプラットフォーム』山脇伸介著　ソフトバンククリエイティブ
『フェイスブック　若き天才の野望』デビッド・カークパトリック著　滑川海彦、高橋信夫訳　日経BP社
『スティーブ・ジョブズの流儀』リーアンダー・ケイニー著　三木俊哉訳　ランダムハウス講談社
『スティーブ・ジョブズ　偶像復活』ジェフリー・S・ヤング、ウィリアム・L・サイモン著　井口耕二訳　東洋経済新報社
『アップル・コンフィデンシャル2・5J（上・下）』オーウェン・W・リンツメイヤー、林信行著　武舎広幸、武舎るみ翻訳協力　アスペクト
『iPodは何を変えたのか?』スティーブン・レヴィ著　上浦倫人訳　ソフトバンククリエイティブ
『スティーブ・ジョブズ　パーソナル・コンピュータを創った男（上・下）』ジェフリー・S・ヤング著　日暮雅通訳　JICC出版局
『アメリカン・ドリーム』マイケル・モーリッツ著　青木榮一訳　二見書房
『ジョブズ・ウェイ　世界を変えるリーダーシップ』ジェイ・エリオット、ウィリアム・L・サイモン著　中山宥訳　ソフトバンククリエイティブ
『スティーブ・ジョブズの道』ランドール・ストロス著　斉藤弘毅、エーアイ出版編集部訳　エーアイ出版

桑原晃弥（くわばら　てるや）

経済・経営ジャーナリスト。1956年広島県生まれ。慶應義塾大学卒。業界紙記者、不動産会社、採用コンサルティング会社を経て独立。人材採用で実績を積んだ後、トヨタ生産方式の実践と普及で有名なカルマン株式会社の顧問として、『「トヨタ流」自分を伸ばす仕事術』（成美文庫）、『なぜトヨタは人を育てるのがうまいのか』（PHP新書）などの制作を主導した。著書に『フェイスブックをつくったザッカーバーグの仕事術』（幻冬舎）『グーグル10の黄金律』（PHP新書）、『スティーブ・ジョブズ名語録』（PHP文庫）、『図解スティーブ・ジョブズ全仕事』（学研パブリッシング）、『ウォーレン・バフェット 巨富を生み出す7つの法則』（朝日新聞出版）、『ジェフ・ベゾス　アマゾンをつくった仕事術』（講談社）などがある。

装幀　石川直美（カメガイ デザイン オフィス）
装画・本文デザイン　齋藤 稔（ジーラム）
編集協力　吉田 宏（アールズ株式会社）
編集　鈴木恵美（幻冬舎）

知識ゼロからのイノベーション入門

2014年7月25日　第1刷発行

著　者　桑原晃弥
発行人　見城徹
編集人　福島広司

発行所　株式会社 幻冬舎
〒151-0051　東京都渋谷区千駄ヶ谷4-9-7
電話　03（5411）6211（編集）　03（5411）6222（営業）
振替00120-8-767643
印刷・製本所　近代美術株式会社

ISBN978-4-344-90285-5 C2095
Printed in Japan
幻冬舎ホームページアドレス　http://www.gentosha.co.jp/
この本に関するご意見・ご感想をメールでお寄せいただく場合は、comment@gentosha.jpまで。